绩效管理工具

王良 编著

中华工商联合出版社

图书在版编目（CIP）数据

绩效管理工具 / 王良编著. -- 北京：中华工商联合出版社，2024.1
ISBN 978-7-5158-3848-9

Ⅰ. ①绩… Ⅱ. ①王… Ⅲ. ①企业绩效－企业管理－研究 Ⅳ. ①F272.5

中国国家版本馆CIP数据核字(2024)第000452号

绩效管理工具

编　　著：王　良
出 品 人：刘　刚
责任编辑：吴建新　林　立
封面设计：李　宏
责任审读：付德华
责任印制：迈致红
出版发行：中华工商联合出版社有限责任公司
印　　刷：三河市宏盛印务有限公司
版　　次：2024年3月第1版
印　　次：2024年3月第1次印刷
开　　本：710mm×1000 mm　1/16
字　　数：116千字
印　　张：14
书　　号：ISBN 978-7-5158-3848-9
定　　价：59.00元

服务热线：010-58301130-0（前台）
销售热线：010-58302977（网店部）
　　　　　010-58302166（门店部）
　　　　　010-58302837（馆配部、新媒体部）
　　　　　010-58302813（团购部）
地址邮编：北京市西城区西环广场A座
　　　　　19-20层，100044
http://www.chgslcbs.cn
投稿热线：010-58302907（总编室）
投稿邮箱：1621239583@qq.com

工商联版图书
版权所有　盗版必究

凡本社图书出现印装质量问题，
请与印务部联系。

联系电话：010-58302915

前 言

如今的人们，对绩效管理这一词语有了一定的认知，早在人类社会中出现了大规模的协作劳动的时候，绩效管理的雏形就已经诞生了。当人们在一起协作劳动时，难免就会出现一些人偷奸耍滑，不愿出力的情况。这也就会导致劳动生产的质量下降，劳动时间延长等诸多问题的出现。而为了避免这种现象的产生，古人就开始实验性地制定了一些管理方案。

比如春秋战国时期秦国推行的"军功爵制度"就是一个非常成功的绩效管理制度，此制度规定凡立有军功者，不问出身门第、阶级和阶层，都可以享受爵禄。也正是此制度让秦国将士能在战场上奋勇杀敌，为后来秦国统一天下提供了一定的基础。而历朝历代的统治者以考核结果和成绩对官员进行任免、升迁等调动的行为也是一种绩效管理制度。例如汉代的"考绩黜陟，计事除废，有功者赏，有罪者罚"，清代的"考核官吏，核以四格，纠以六法"等制度，都在一定程度上保证了政治的清明和让社会良好运行以及社会经济快速发展等效果。从这些事件中我们就可以看出绩效管理对于社会和企业维持良好运转的重要性。

如今，随着人类社会的不断进步与发展，曾经过于基础的管理方式已经开始无法跟上社会以及企业的快速发展节奏，因此我们就需要一种更为专业、更为精细的管理制度来让企业更好地运营和发展，而本书也就借此应运而生。

书中从现代绩效管理的概念讲起，为大家详细介绍了现今绩效管理的基础理念以及优缺点，并讲述了绩效管理在企业中的地位以及所起的作用，以便让大家了解现代绩效管理的主要形式。其后又讲述了企业内部管理人员如何开展绩效管理培训，便于企业将绩效管理更好地运用到企业日常当中。最后书中更是将企业各部门进行绩效管理的流程详尽地展示出来，希望各位企业管理者或有志于学习企业管理的读者们能够更为容易地了解绩效管理的主要内容，并能够运用于生活实践之中。

当然，本书内容肯定不能尽善尽美，难免会有遗漏不足之处，希望读者朋友们多多包涵，并予以指正。

编　者

2023年7月

目 录

第一章　绩效管理概论
绩效管理及其相关概念……………………………………2
绩效管理系统………………………………………………11
绩效管理的误区与问题……………………………………15
绩效管理的地位与作用……………………………………24

第二章　绩效管理培训
绩效管理培训需求分析……………………………………30
绩效管理培训计划…………………………………………37
绩效管理培训实施与评估…………………………………45

第三章　企划部门绩效管理
精心准备，事前模拟………………………………………52
全面综合进度表使企划管理更轻松………………………56
顺利通过，为企划实施赢得时间…………………………59
企划实施的绩效化管理……………………………………66
把握企划实施的动态性和风险性…………………………68
企划实施过程中的策略运用………………………………77

1

第四章 生产人员绩效管理

生产率概述····································88
工作分析与岗位设计····························98
沟通与员工参与································110
生产人员的激励与培训··························120

第五章 行政绩效管理的构筑

高效行政组织与企业持续发展····················134
提高行政组织绩效的核心途径····················145
行政组织的优化设计····························161
学习型组织的建立······························178

第六章 打造高绩效的营销队伍

精挑细选营销人员······························186
培训造就优秀营销人员··························194
创建绩优团队··································202
激励带来双赢··································209

第一章
绩效管理概论

绩效
管理工具

※ 绩效管理及其相关概念

想要学会绩效管理，我们首先需要从概念上弄清楚什么是绩效与绩效管理，绩效管理与通常所说的绩效评估之间有什么关系。然后，才能根据企业的实际情况，应用绩效管理的相关理论与方法进行科学有效的绩效管理。

一、什么是绩效

绩效，又称工作表现。它一般包括两个方面：一方面指工作结果，相当于通常所说的业绩，如工作的效率、工作产生的效益或利润等；另一方面指影响工作结果产生的行为、技能、能力和素质等。因此，绩效既包括静态的结果内容，也包括动态的过程内容。两者相辅相成，结果是工作的最终目标，过程则影响和控制目标的实现。但在现实中，绩效与业绩经常被互用，其实，两者的含义并不完全相同。

在企业中，绩效一般又分为组织绩效和人员绩效两种。这两种绩效所包含的内容及其评估和管理方法都不尽相同。组织绩效强调集体性绩效，对企业组织而言，组织绩效通常包含产量、盈利、成本等财务性内容，同时也包含客户满意度、员工满意度、员工成长与发展等非财务性内容。人员绩效一般指个体性绩效，对人员绩效而言，绩效既表现为人员的工作结果，也表现为人员的工作过程，如人员的行为、技能、能力和素质等。尽管组织绩效和人员绩效有所差异，但两者又密切相关。组织绩效是通过人员个体绩效实现的，离开人员个体绩效，也就无所谓组织绩效。在一个企业组织内，组织绩效又被分为组织整体绩效和部门或团队绩效。因此，企业内绩效一般有三个层面：组织整体绩效、部门或团队绩效、员工个体绩效。一方面，员工个体绩效是根基，部门或团队

第一章
绩效管理概论

绩效、组织整体绩效都建立于个体绩效之上；另一方面，部门或团队绩效是员工个体绩效的整合和放大，组织整体绩效又是部门或团队绩效的整合和放大。

通常，绩效管理主要关注的是人员个体绩效。但需要指出的是，团队绩效正成为绩效管理中的一个新内容，本书在侧重探讨人员个体绩效管理的同时，也会适当探讨团队绩效管理。

二、什么是影响人员工作绩效的主要因素

在企业中，由于组织绩效取决于人员工作绩效，因此，了解并控制影响人员工作绩效的因素至关重要。一般来说，分析这些影响因素有两种方式，一种是从关键因素角度进行，另一种是从系统角度进行。

（一）关键因素分析

人员工作绩效的关键因素有五个：工作者、工作本身、工作方法、工作环境和组织管理。

工作者主要指员工本人的工作态度、工作技能和能力、工作知识、工作动机及个性特点等。以往，理论学者常从员工所具有的知识、技能、能力和个性等方面研究人岗匹配，认为只有人岗匹配，才会在工作中产生出高绩效。而现在，很多学者在强调人岗匹配的同时，强调人—岗—组织的匹配，强调员工要具备工作胜任力。所谓工作胜任力，主要指影响工作绩效的知识、技能、能力、态度、价值观、工作动机和个性等。

工作本身主要包括工作目标、计划、资源需求、工作复杂程度、工作过程控制等。例如，工作目标是否明确，工作计划是否可行、工作的时间等资源是否充分、工作过程是否容易控制和掌握，这些因素都将影响员工工作绩效。

工作方法主要包括工作手段、工具、流程、协调等。工作手段、工具的使用会直接影响工作速度和质量，工作流程涉及工作步骤和工序，工作协调则涉及工作各工序之间、各工种之间的衔接与有序性。工作手段、工具是否合理，流程设计是否科学、工作协调是否高效，这些因素也都将影响员工的工作绩效。

工作环境主要包括工作文化氛围、工作条件等。工作文化氛围涉及员工的精神风貌、民主参与还是垄断集权等，工作条件涉及工作场所的物质条件和资源配备等。工作环境虽是外部条件，但同样影响员工的工作绩效。

组织管理主要指企业组织的管理机制、政策和管理者水平。例如，管理机制涉及计划、协调、指导、组织、控制、激励、反馈等方面。政策包括人员聘用、培训、考核和薪酬奖惩等内容。员工是组织中的成员，组织管理对员工绩效起重要影响作用。

上述五种因素不同程度地影响着员工绩效。这些因素对员工绩效的影响效应往往是一种"木桶效应"。也就是说，如果有一种因素起消极作用，就会降低员工绩效。

（二）系统分析

从系统角度，将影响人员绩效因素分为两类：个人和情景。个人因素主要包括个性、能力、技能、知识、经验和动机等。情景因素主要分为工作任务特征、目标特征、工作角色特征、物理环境特征、社会环境特征和组织特征等。这两种因素形成互动关系，影响人的工作行为和工作结果；反过来，人的工作行为和工作产出对个人和情景也产生影响。

在个人和情景因素互动的影响系统中，情景是比较复杂和丰富的因素。一般来说，情景因素又分为几个方面：

1. 工作任务特征

（1）任务的一致性和连贯性。工作任务内容的相关性、稳定性和连

第一章
绩效管理概论

贯性会影响工作绩效。

（2）与任务相关的不同技能层级。它在工作分析中都有对任职资格条件的确定，其中就包括技能和知识的要求。知识和技能的不同层级对工作绩效有影响。

（3）工作任务的结构。任务结构简单还是复杂，会对工作绩效有影响。

（4）工作任务的时间充裕情况。完成任务的时间紧张还是宽松，是否存在时间压力等，会对工作绩效有影响。

（5）工作任务的知识和技能变化程度。工作任务所需要的知识和技能的更新快慢和发展速度，会对工作绩效有影响。

（6）工作任务的自主性。工作任务自主性的高或低，与其他环节的关联性强或弱等，会对工作绩效有影响。

2．工作目标特征

（1）工作目标的专一性。工作目标是否明确指定、是否相对稳定，都可能影响工作绩效。

（2）工作目标的复杂性。工作目标是简单还是复杂，是单个还是多个或系统，是相对不变还是易变，都可能影响工作绩效。

（3）工作目标的难度。一般来说，工作目标越复杂，其实现的难度也越大，当然，一些不复杂的目标，其实现的难度也可能大。工作目标的难度越大，其失败的可能性就越大，从而可能影响工作绩效。

（4）与其他工作目标的协调性。工作目标与其他工作目标是协调还是冲突，会影响工作绩效。

（5）与工作目标达成相关的回报大小。这与工作目标的效价相似。通常，工作目标的效价高，目标达成的回报大，会影响工作者的努力程度，从而影响工作绩效。

3．物理环境特征

（1）工作的周围条件情况。如光线、噪声、温度、粉尘、散发的气味或气体等。如果是光线适宜、温度适中、噪声很低的良好环境,将对工作绩效产生积极影响。

(2)工作时辰的差异性。工作时间是在白天还是晚上,是深夜还是凌晨,不同时辰的工作可能影响工作绩效。

(3)危险性。工作场所存在的伤害人员身体的潜在危险性,可能影响工作绩效。安全的环境及安全的保证会积极影响工作绩效。

(4)工作场所的设置特征。如办公室的设置是开放性的还是相对封闭的,这些可能会影响人员的工作态度、行为,进而影响其工作业绩。

(5)工作的不同场所。随着科学技术的不断发展及管理上的多元化和灵活性,工作场地并不一定在公司中,可能在家里或其他场所,不同的工作场所会影响工作绩效。

4. 社会环境特征

(1)工作同事的个性。包括主管、下属和同级同事的个性,同事的个性是开朗、热情、积极、善于合作还是孤僻、冷淡、被动、不善合作等,同事不同的个性特点可能影响工作绩效。

(2)直接上司的管理风格。老板的管理风格是民主还是专制,是任务导向还是人际关系导向,不同的管理风格可能影响工作绩效。

(3)工作群体的凝聚状况。凝聚力对工作士气有直接影响。工作的部门是否具有凝聚力,可能影响工作绩效。

(4)工作的社会支持情况。这种支持主要来自同事、家人和朋友,不同方面的支持及其支持的不同力度都会影响工作绩效。

5. 工作角色特征

(1)工作角色的明确程度。工作角色的设置是明确还是模糊,会影响工作绩效。

(2)工作角色承担的负荷状况。过重或过轻的工作负荷都会影响工作绩效。

(3)工作角色的协调情况。工作角色的设置是否协调,是否存在与

第一章
绩效管理概论

其他工作角色的冲突,这些都会影响工作绩效。实际工作中有时出现的工作岗位重复或交叉设置,也会降低员工的工作绩效。

6. 组织特征

(1) 组织价值观特征。不同组织具有不同的组织文化,价值观是组织文化的核心。积极向上、团结合作、克己奉献的价值观能够促进员工工作绩效的提高;反之,则对员工工作绩效产生消极影响。

(2) 组织报酬体系特征。报酬作为激励员工工作积极性的一种常用手段,报酬体系是否合理和公平,是否有效回报员工的工作付出和绩效,是否真正体现人力资本价值,将直接影响员工的工作行为和士气,进而影响工作绩效。

(3) 组织的变化程度。组织是处在一个相对稳定阶段还是处在一个变化急剧的阶段,不同的组织变化程度对员工工作绩效的影响也不同。企业处于快速成长期或者急剧衰退期,或者领导交替阶段,一般都是组织变化急剧的阶段,同时也是个人绩效和组织绩效不同的阶段。

(4) 组织结构特征。组织结构通常有职能制、直线职能制、事业部制、矩阵制等形式。不同的组织结构特征可能影响工作绩效,因此,采用适合于工作性质和要求的组织结构非常重要。在一个企业,组织结构绝不是一成不变的,而是要根据工作需求设计相适应的组织结构。

(5) 管理政策与程序特征。组织内管理政策的制定过程和方法是否科学合理,政策的执行过程是否有力和公正,反馈机制是否健全,都将影响工作绩效。

(6) 组织中员工所有权特征。在企业组织所有权构成中,员工是否拥有企业股权,员工拥有多少股权,这些都在不同程度上影响员工的观念和行为,进而影响其工作业绩。

除了上述情景因素外,个人因素也是一种重要影响因素。如前所述,个人因素主要包括个性、能力、技能、知识、经验和动机等。如对这些个人因素进一步划分,可分为基础性因素和决定性因素。基础性因素包括人的个性和能力，其中，能力主要指人的知觉、逻辑思维等一般能力。决定性因素包括工作所需要的知识、技能、经验和工作动机。个人因素和情景因素交织在一起，从不同方面、不同程度对人员工作绩效产生影响。从系统角度来看，情景因素与个人因素作为输入形式，通过互动环节，会产生工作行为过程及其行为结果的输出。

三、什么是绩效评价

随着企业间竞争的不断加剧，绩效问题已成为众多企业必须关注的热点。企业在关注自身发展问题的同时，越来越多的企业希望通过绩效评价来促进自身的发展。

绩效评价，又称绩效考核，或者绩效考评、绩效评估。不论在早期人事管理还是现代人力资源管理中，绩效评价都是其中的一个重要环节。美国联邦政府于1842年开始对其员工进行考核，当时国会通过了一个法律修正案，要求政府部门对办事员工进行每年一度的工作评定。此后，绩效评价程序开始流行于大大小小的政府和私人企业中。美国管理大师德鲁克曾说过："你不能评价，就不能管理。"因此，如果一个管理者不能对员工绩效作出评价，也就不能对员工及其绩效进行管理。

绩效评价作为人力资源管理的一个重要环节，不同的理论研究者往往对其有不同的界定。例如，有的学者认为，绩效考评是上司与下属之间的一次正式讨论，讨论的目的是了解下属工作表现的现状及原因，并讨论如何使下属在未来更有效地工作，从而使下属、上司及组织都获益。这里，强调的是绩效评价中上司与下属的沟通与反馈，在评价已有的工作表现基础上侧重于以后工作的改进和提高。有的学者认为，绩效考评是定期考察和评价个人或小组工作绩效的正式制度；有的学者认为，在正式制度的绩效评价的同时，也可以采取非正式的，所有的经理

第一章
绩效管理概论

都会监控员工的工作方式,并评定这种工作方式是否符合企业的需求。

我们认为,绩效评价主要是根据人力资源管理需要,对组织中人员绩效进行识别、衡量和反馈的活动过程。识别绩效是根据工作分析对工作评价内容进行合乎理性和制度的识别和分析,识别的内容应集中于影响组织成功的绩效,而不是与绩效无关的年龄或性别等;衡量是依据对员工绩效的识别,对员工绩效进行好与差的管理判断,什么是"好"的绩效,什么是"差"的绩效,这些判断必须在整个企业组织中具有一致性和可比性,切不可用双重或多重判断标准;反馈是在绩效衡量的基础上为员工提供交流和指导,绩效评价不仅是对员工已有的绩效进行判断和肯定,并予以批评或褒奖,更重要的是通过绩效反馈,如何改进和提高员工以后的绩效,即以一种未来开发导向进行绩效评价。因此,管理者需要在绩效评价中给予更多的反馈和工作指导。

在人力资源管理活动中,实施绩效评价可能是一项最棘手的任务。在国外,管理学者曾对采用绩效评价制度的92家俄亥俄州的公司进行研究,研究结果表明:大约有65%的公司对他们的评价制度存在一定程度上的不满。另一份资料则表明:80%以上的公司都对其评价制度不满意。全面质量管理理论的先驱爱德华·戴明认为:绩效评价是美国企业管理的七大致命性弊病之一。诚然,大多数管理者仍然认为绩效评价有很多优点,而且是不可缺少的环节。但同时需要看到:绩效评价在现代企业管理尤其是全面质量管理中受到了挑战。许多企业正在根据自己发展的需要不断改进其绩效评价体系,促使绩效评价的理论随实践的发展而发展。

四、什么是绩效管理

绩效管理是一个完整的系统,它将员工绩效和组织绩效相融合,将员工绩效管理提升到战略管理层面。这个系统包括目标/计划、指导/教练、评价/检查、回报/反馈、改进/提高等关键部分。组织管理者和员工共同参与，管理者与员工通过持续沟通，将企业的战略和目标、管理者的职责、员工的工作绩效目标、管理者与员工的伙伴关系等传递给员工，并在持续不断沟通的过程中，管理者帮助员工消除工作过程中的障碍，提供必要的支持、指导，与员工一起完成绩效目标，从而实现组织的战略目标。

绩效管理与绩效评价密切相关，可以说，它是绩效评价的延伸与发展，同时绩效评价是绩效管理的一个重要组成部分，但又不等同于绩效管理。两者关系在下一节的绩效管理系统中将作进一步的阐述。

绩效管理具有以下几个主要特点：

1．系统性。绩效管理强调对绩效的系统管理，涵盖组织和人员两个层面，将人员绩效与组织绩效融为一体，因而它不是单纯的一个步骤或一个方面。同时，绩效管理是一种管理手段或方法，它体现管理的主要职能，即计划、组织、指导、协调、控制。因此，我们必须系统地看待绩效管理。

2．目标性。目标管理的一个最大好处就是员工明白自己努力的方向，管理者明确如何更好地通过目标对员工进行有效管理，并提供支持与帮助。同样，绩效管理也强调目标管理，"目标+沟通"的绩效管理模式被广泛提倡和使用。

只有绩效管理的目标明确了，管理者和员工的努力才会有方向，才会更加团结一致，共同致力于绩效目标的实现，更好地服务于企业的战略规划和远景目标。

3．强调沟通和指导沟通。沟通在绩效管理中起着决定性的作用。制定绩效指标要沟通，帮助和指导员工实现目标要沟通，年终评估要沟通，分析原因寻求进步要沟通。总之，绩效管理的过程就是员工和管理者持续不断沟通的过程，在沟通中不断指导员工和提高员工绩效。离开了沟通，企业的绩效管理将流于形式。

第一章

绩效管理概论

许多管理活动失败的原因，在很大程度上是因为沟通出现了问题。绩效管理需要致力于管理沟通的改善，全面提高管理者的沟通意识，提高管理的沟通技巧，进而改善企业的管理水平和管理者的管理素质。

4. 重视过程。绩效管理不仅强调工作结果，而且重视达成目标的过程。换言之，绩效管理是一个循环过程，这个过程中不仅关注结果，更强调目标、指导、评价和反馈。

※ 绩效管理系统

正如绩效管理概念所界定的，系统性是绩效管理的首要特点。绩效管理是一个系统管理，它是人员绩效与组织绩效相融合的系统管理。在这个系统中包含两个不同层面的绩效管理，即组织层面与人员层面，这两个层面的绩效管理互为一体，构成一个有机的绩效管理系统。

一、两个不同层面的绩效管理

（一）组织层面的绩效管理

组织层面的绩效管理特点是作为一种企业制度，主要包含一些作为管理周期性的程序，如确定企业相关政策、目标和原则，明确界定系统绩效的计划、目标和指标，定期并系统地评估绩效等。

国外管理学者布里德拉普和布里德拉普研究认为，组织层面的绩效管理由三个程序构成：绩效计划、改进和检查。在绩效计划程序中，会确立组织发展目标和战略，依据组织目标和战略，结合企业组织利益相关者包括股东、客户等的要求，明确什么是绩效以及优先绩效，确立的优先绩效在绩效检查中充分验证。在绩效改进程序中，包括通过业务流程再造、组织结构重组、不断的过程改进、标杆管理和全面质量管理等活动，在组织层面改进绩效。在绩效检查程序中，要对照绩效计划，参考竞争对手的绩效和可比较的标杆，同时自我检查绩效改进流程，进行绩效评估，评估哪些绩效是稳定持久的，哪些是短暂临时的。

（二）人员层面的绩效管理

组织层面的绩效需要通过员工来实现，例如，绩效改进程序中的流程再造、组织结构重组，以及随之而来的新技术应用和推广，这些活动的效果如何都直接取决于人员绩效的高低。人员层面的绩效管理与组织层面的绩效管理既密切相关又有区别。对人员层面的绩效管理，国外许多学者从不同角度进行了研究。代表性的如安施瓦斯和施密斯研究提出的"三部曲"循环。"三部曲"循环认为人员绩效管理由绩效计划、绩效评价和绩效反馈三个环节形成一个周期。绩效计划环节包括制定绩效目标、认同绩效目标并致力于绩效目标的实现。绩效评价环节包括客观评价实际绩效，对照目标绩效计划，进行分析和总结。反馈绩效环节，即对照绩效计划，通过彼此反馈，采取相应的积极行为，致力于绩效改进和员工开发的目标。

循环学者托林顿和霍尔的研究提出了与此相似的"三部曲"：绩效计划、支持和检查。管理者与被管理者应该具有共同的想法，即期望员工达到什么样的绩效，这也就是绩效计划。参与是达成这种想法的一种直接途径。支持绩效是直线管理者的职责，直线管理者同时也是绩效评估者之一。这里，强调绩效检查是管理者与员工共同做的事情，既是管理者的职责，也是员工本人的职责。同时，绩效检查是一种不间断的活动，而不是一年中1~2次的活动。

此外，学者海斯勒·琼斯和本海曼研究提出绩效管理过程的四要素：指导、鼓励、控制和回报。指导主要包括指导关键成果领域、绩效指标和要求的工作行为，鼓励主要包括设立绩效目标、建立行为期望目标，

第一章
绩效管理概论

控制主要包括监控员工绩效、提供绩效反馈、不断指导和开发，回报主要指依据绩效评价给予合理的回报。

二、组织与人员整合的绩效管理

组织与人员整合的绩效管理，即将人员绩效与组织绩效融为一体。人员绩效管理是在组织目标的范畴中进行，通过将每位员工的工作与工作部门的使命相结合，从而支持组织整体经营目标。

（一）制定绩效计划

绩效计划是绩效管理的开始，即依据企业战略目标，制定绩效目标。通常，一份有效的绩效目标必须具备这样几个条件：服务于公司的战略规划和远景目标；基于员工的职务说明书而做；目标符合SMART原则，即Specific（明确的），Measurable（可衡量的），Attainable（可获得的），Relevant（相关的），Time bounded（有截止期限的），它具有一定的挑战性和激励作用。

在这个阶段，管理者和员工通过沟通主要完成以下任务：

员工的主要工作任务和职责是什么。

如何衡量员工的工作，即工作绩效标准是什么。

每项工作的时间期限多长，即完成工作任务和目标的时间周期。

员工的权限是什么，员工从事和完成工作具有怎样的权利和条件。

员工需要的支持和帮助是什么。

管理者如何帮助员工实现目标，即管理者如何支持和鼓励员工开展工作，为员工创造怎样的条件和气氛。

其他相关的问题：员工开展工作所需的技能和知识，改进员工工作、提高员工绩效的培训和职业发展等。

以上是在制定绩效管理目标过程中主要讨论的内容，组织与员工达成共识，然后形成管理者和员工共同签字的文字记录。这种文字记录，通常被称为绩效管理目标。

（二）持续不断的沟通

沟通是一切管理必不可少的重要手段，持续不断的沟通在绩效管理中起关键性作用。在绩效管理中，持续不断的沟通应符合以下几个原则。

1．真诚的沟通。真诚是沟通的前提，而不是管理者流于形式的沟通。真诚的沟通为预防问题和解决问题而做，因此，必须尽可能地从员工那里获得信息，进而帮助员工解决问题，同时不断提高管理者的沟通技能和沟通效率。

2．及时的沟通。绩效管理具有前瞻性，在问题出现前或出现时就通过沟通将之消灭于无形或及时解决。因此，及时性是沟通的又一个重要的原则。

3．具体的沟通。沟通应该具有针对性，具体事情具体对待，不能泛泛而谈。泛泛的沟通既无效果，也不讲效率。因此，管理者必须珍惜绩效沟通的机会，关注具体问题的探讨和解决。

4．定期的沟通。管理者与员工之间的绩效沟通不能时有时无，而是要定期的、稳定的连续沟通。管理者与员工一般确定好沟通的时间和每次沟通的间隔，以确保沟通的连续性。

5．建设性的沟通。沟通的结果应具有建设性，给员工未来绩效的改善和提高提供建设性的意见，帮助员工提高绩效水平。

（三）信息的收集和必要的记录

设立的绩效目标最终需要通过绩效评估进行衡量和判断。因此，有关员工绩效的信息资料的收集就显得特别重要。

在此环节中，管理者需要注意考察员工的行为表现，并做必要的记录，同时要注意保留与员工沟通的结果记录，同时也请员工签字认可，

第一章
绩效管理概论

避免在年终考评时出现意见分歧。

做必要的文字记录的一个最大好处是在绩效评估时尽可能以事实说话，促使评估的结果有据可依，体现出客观公平性，从而令人信服。

（四）绩效评估

绩效评估大多在年底进行，在年中或季度有绩效检查。员工绩效目标完成得怎么样，企业绩效管理的效果如何，都可以通过绩效评估得到反映。

绩效评估也是一个总结提高的过程，总结过去的结果是为了以后工作得更好。分析以往工作中问题出现的原因，以制定改进工作的策略和方法；或者分析以往工作中获得的成绩、取得的经验，进行总结和推广，以持续提高工作绩效，从而提高企业组织绩效和绩效管理水平。

同时，绩效评估的结果也是企业薪酬分配、职务晋升、培训和发展、用工管理等决策制定的重要依据。

（五）绩效的诊断和提高

没有完美无缺的绩效管理体系，任何绩效管理都需要不断改善和提高。因此，在绩效评估活动结束后，需要对照设立的绩效目标，跟踪和评估绩效评估的效果，全面审视企业绩效管理的政策、方法、手段及其他相关活动，并进行诊断和分析，制定必要的改进或完善措施，不断改进和提高绩效管理水平。

※ 绩效管理的误区与问题

目前，越来越多的企业开始接受绩效管理的概念，并在管理实践中，借助外部帮助或者自己动手，设计和实施绩效管理体系。然而，不少企业似乎都遇到一个同样的问题，即绩效管理的方案迟迟推行不下去，结果是企业花费了大量的时间和精力，却收效甚微，甚至出现员工紧张、直线管理者反感、人力资源管理部门伤透脑筋的现象。

这种现象与目前企业管理现状有关，如企业管理不完善、管理者的观念没有转变或存在认识偏差、企业员工的素质层次不齐等，导致了绩效管理中的误区和问题的出现。

这里，将绩效管理的误区与问题作相对区分，前者主要围绕企业管理者特别是企业高层管理者对绩效管理认识上的误区，后者侧重于绩效管理特别是在绩效评价中存在的具体问题。

一、绩效管理的误区

一般地说，当前企业绩效管理中主要存在以下误区。

（一）绩效评价等同于绩效管理

这是一种比较普遍的误解。企业管理者没有真正理解绩效管理的含义，没有将之视为系统，而简单地认为是绩效评价，认为做了绩效评价就是绩效管理。其实，绩效管理与绩效评价并不等同。绩效管理强调管理者和员工之间持续的双向沟通过程。在此过程中，管理者和员工就绩效目标达成协议，并以此为导向，进行持续的双向沟通，管理者可以帮助员工不断提高工作绩效，完成工作目标。如果简单地认为绩效评价就是绩效管理，就忽略了绩效沟通，而缺乏沟通和共识的绩效管理肯定会在管理者和员工之间设置一些障碍，阻碍绩效管理的良性循环，造成员工和管理者之间认识上的分歧，出现员工反感、管理者又能避则避的情况。

如前所述，绩效评价只是绩效管理的一个环节，是对员工前期工作的总结和评价，远非绩效管理的全部，如果只把员工固定在绩效评价

第一章
绩效管理概论

上，必然要偏离实施绩效管理的初衷。

另外，只注重绩效评价的管理者会认为绩效评价的形式特别重要，总想设计出既省力又有效的绩效评价表，希望能够找到万能的评价表，以实现绩效管理。因此，他们在寻找绩效评价工具和方法上花费了大量的时间和精力，却难以得其法，难以找到能解决一切问题、适合所有员工的评价方法和工具。

这种现象与一些企业管理者的观念有关。观念上没有转变，或者没有真正地花些时间去研究绩效管理的原理，而想当然地认为绩效管理就是以前的绩效评价，往往认为只要方法改进即可。如果这种观念不转变，企业实施绩效管理就只能停留在书面和口头上，不可能有任何实质性的改变。

（二）角色分配的偏颇不少

企业有一种普遍的认识是：人力资源管理是人力资源部的事情，绩效管理是人力资源管理的一部分，当然就要由人力资源部来做。一些高层管理者只做一些关于实施绩效管理的指示，剩下的工作全部交给人力资源部。如果做得不好，那是人力资源部的责任。这种认识是一些企业绩效管理得不到有效实施的重要原因之一。

应该说，人力资源部对绩效管理的实施负有相当责任，但绝不是全部责任。人力资源部在绩效管理中主要扮演的角色是流程和程序的制定者、活动的组织者和监督者、咨询顾问等。绩效管理中的方向性决策、绩效管理的推行必须依靠直线高层管理者。高层管理者的支持和鼓励起着决定性的作用。离开高层管理者的努力，人力资源部的工作则过于苍白。高层管理者的努力远不是开始阶段的动员那么简单，而是要贯穿整个过程。同时，绩效管理的贯彻和实施还需要依靠中层、基层的直线管理者，各级直线管理者与人力资源职能部门共同合作，形成工作伙伴关系，各自行使绩效管理中的责任。

（三）过于追求完美

追求完美是许多管理者的一个共同特点，凡事总想找到一个完美的解决方案，希望它能够解决一切问题。有些管理者在绩效管理方法上表现出极大的关注，绩效管理方案改了又改，绩效评价表设计了一个又一个，却总找不到感觉，总没有满意的，使得人力资源部疲于应付。这种认识造成了人力资源部大量的工作被浪费，不仅在无形中浪费了许多人力资本，也挫伤了人力资源部的积极性，影响了他们的工作热情和创造性，努力地工作却没有成就感，得不到认可。其实，绩效计划和持续的沟通，是绩效管理中的主要方面，绩效管理绝不是简单解决考核这一个问题，更多的是转变管理者的管理方式和员工的工作方式，提醒大家关注绩效，管理者和员工共同就绩效进行努力并取得成果，这是最重要的。

（四）绩效管理只是管理者单方面的事

这种认识也与观念有关，一些企业认为只要管理者知道绩效管理的内容和方法就可以了，员工知不知道则不重要。更为严重的是，一些企业除了人力资源部和总经理之外，没有人知道绩效管理是怎么回事，这也是绩效管理得不到有效推行的一个重要原因。

无论什么东西，理解了才会用，完全不理解的东西，硬丢给管理者和员工，结果肯定是没人会用，也没人愿意用。一线经理不明白，他们就没法认真执行，更谈不上融会贯通；员工不明白，他们就对考核持有恐惧和反感心理，会对新的管理手段实施敬而远之。因此，必要的培训不可或缺，要让员工明白绩效管理对他们的好处他们才乐意接受，才会配合管理者做好绩效计划和绩效沟通。让经理明白这件事给自己带来的好处，经理们才愿意接受、参与和推动。所以，在正式实施绩效管理之前，必须就绩效管理的目的和意义、方法等问题对管理者和员工进行培训，取得管理者与员工共同的支持。

第一章
绩效管理概论

二、绩效管理的问题

在许多企业中，除了绩效管理认识上存在误区外，同时还存在不少实际操作性的问题，集中表现在绩效评价环节。

绩效评价主要存在以下问题。

（一）绩效评价目的的狭隘性

目前，许多企业的绩效管理还停留在事后考核的阶段。绩效考核仅限于"秋后算账"，即当员工完成工作后，再就员工的工作绩效进行评价和衡量，并根据考核结果给予物质或精神的奖励或惩罚。这种考核目的的狭隘性使员工对考核往往谈虎色变，这也与绩效管理的初衷相违背。通过持续不断的沟通，改进员工工作和发展员工才是绩效管理的初衷。

（二）绩效评价方案设计的非科学性

绩效评价方案设计的非科学性主要表现为考核目的不明确，有时甚至是为了考核而考核，企业考核方和被考核方都未能清楚了解绩效考核只是一种管理手段，并非管理的目的。同时，绩效评价方案的非科学性还表现为考核原则的不一致性，甚至自相矛盾。在考核内容、指标设定以及权重设置等方面表现出无相关性，随意性突出，常常体现长官意志和个人好恶，且绩效考核体系缺乏严肃性，任意更改，难以保证政策上的连续性和一致性。

（三）绩效评价信息来源的单一性

在许多企业的绩效评价中，往往是上级对下属进行审查或考核，考核者作为员工的直接上司，他与员工的私人友情或冲突、个人的偏见或喜好等主观因素在很大程度上影响绩效评价结果。评价者的一家之言有时由于相关信息的缺欠而难以给出令人信服的评价意见，甚至会引发上下级关系的紧张。

（四）对绩效评价方案理解的差异性

有些企业在制定和实施一套新的绩效评价方案时，不重视和员工进行及时、细致、有效的沟通，员工对绩效评价方案的目的和行为导向不清晰，个人仅凭自己想当然的了解，戒备地看待该方案对自己的影响，往往产生各种曲解和敌意，并对所实施的绩效评价方案的合理性、实用性、有效性、客观性和公平性等表现出强烈的怀疑，对方案的认识产生心理上和操作上的扭曲。

（五）评价过程的形式化

一些企业认为已经制定和实施了较完整的绩效考核工作，但是很多员工内心却认为绩效考核只是管理者的一种形式主义，每年必须走的过场，无人真正对绩效考核结果进行认真和客观的分析，没有真正利用绩效考核过程和考核结果来帮助员工在业绩、行为、能力、态度等方面得到切实的提高。

（六）评价结果无反馈绩效

评价结果无反馈的表现形式一般分为两种：第一种是评价者主观上和客观上不愿意将考核结果及其对考核结果的解释反馈给被考核者，考核行为成为一种暗箱操作，被考核者不知道考核者对自己哪些方面感到满意和肯定，哪些方面又需要改进。出现这种情况往往是考核者担心反馈会引起下属的不满，在将来的工作中采取不合作或敌对的工作态度，也有可能是绩效考核结果本身无令人信服的事实依托，仅凭长官意志得出结论，如进行反馈势必引起巨大争议；第二种是指考核者无意识或无能力将考核结果反馈给被考核者，这种情况的出现往往是由于考核者本人未能真正了解人力资源绩效考核的意义与目的，加上缺乏良好的沟通能力和民主的企业文化，使得考核者缺乏驾驭反馈绩效考核结果的能力和勇气。

（七）评价结果的资源浪费

企业在实施绩效评价中，通过各种资料、相关信息的收集、分析、判断和评价等流程，会产生各种中间考核和最终考核结果的信息资源，这些结果信息资源本可以充分运用到用人决策、员工的职业发展、培训、薪酬管理等多项工作中去，但目前一些企业对绩效考核结果的信息资源弃之一旁。

（八）绩效评价的政治化

与一些企业浪费考核结果资源相反，在另一些企业中，绩效评价充满政治色彩。管理者往往借绩效评价之名，对关系不好或有冲突的员工打击报复，而不是利用考核结果的信息资源来激励、引导、帮助和鼓励员工提高绩效。

（九）评价者态度的极端化

评价者在进行绩效考核时，特别是对被考核者进行主观性评价时，由于考核标准的不稳定等因素，考核者很容易自觉不自觉地出现两种不良倾向，一种是过分宽容，有的考核者奉行"和事佬"原则，对员工的绩效考核结果进行集中处理，使得绩效考核结果大同小异，难以真正识别出员工在业绩、行为和能力等方面的差异。另一种倾向就是过分严厉，即过分追究员工的失误和不足，对员工在能力、行为和态度上的不足过分放大，简单粗暴地训斥、惩罚或威胁绩效考核不佳者，使得员工人人自危。

（十）绩效评价方法的选择不当

理论学者和管理人员开发出了多种绩效考核方法和考核技术，如量表评价法、行为锚定量表法、关键事件法、目标管理评价法、混合标准量表法、短文法、平衡计分卡法等。这些方法各有千秋，有的方法适用于将绩效考核结果用于员工奖金的分配上，但可能难以指导被考核者识别能力上的欠缺，而有的评价方法和技术可能非常适合利用绩效考核结果来指导企业制定培训计划，但却不适合于平衡各方利益相关者。准确地选择和组合考评技术及方法，对考核者和绩效考核方案设计者提出了很高的要求。然而，目前不少企业既无意识，也无能力适当地选择、组合和运用成熟的评价方法和评价技术。

（十一）关键业绩指标的空泛化

不少企业确定的关键业绩指标过于空泛化，只是根据现有的指标库或模板生搬硬造，而没有根据企业的战略规划、业务流程、行业特性、发展阶段、组织特性、评价对象特性等进行深入的分析，导致考核的关键业绩指标具有普遍性，而不具有适合企业特征的针对性。由此必然导致考核结果的失真，并且难以获得员工的认同。

（十二）对国际新理念盲目跟从

不少企业往往热衷于追捧国际最新的管理理念和方法，而不考虑该理论和方法与企业的适用性。比如360度考核，要求企业对客户资源控制力度高，能及时采集客户的信息。如果做不到这一点，采用客户评价的360度考核就只是浮于纸上，强制推行也只能浪费时间、金钱和精力，实在得不偿失。平衡计分卡也存在同样的毛病。

（十三）考核对象角度的片面性

很多企业推行绩效考核时，只关注单个员工的业绩好坏，而忽视了对团队的考核，这是不科学的，从管理角度看也会带来不可忽视的恶果。第一，它会错误地引导员工培养"独狼意识"，并不惜牺牲同事

第一章
绩效管理概论

的利益，破坏组织内部的协调关系；第二，它会产生"木桶效应"，由于业绩上存在一个"短木板"，而降低整个"业绩桶"的承重能力或使用寿命。因此，科学的绩效考核体系，应该同时兼顾企业、团队、个人三个层面的考核，并通过一定的权重分配来准确衡量一个人的价值和业绩。

另外，这种片面性还表现为只考评基层人员、不考评高层管理人员的现象。出于种种考虑，一些企业所有者和人力资源经理错误地认为，企业高层管理人员不宜考核、不易考核、不能考核。其实，在企业中，高层管理人员掌握更多的资源，他们的绩效表现对企业的整体绩效影响更大，所以更应该进行考评。

（十四）评价结果全部由最高管理者审定

多数企业中的每一级别的直接领导都有权修改员工的考评评语，尽管各层管理者由于所站的角度不同，可能会产生意见分歧，但是，最终以最高管理者的评定为准。这样，一方面，被考评者的直接上司感到自己没有实权而丧失了责任感；另一方面，员工也会认为直接上司没有权威而不愿服从，导致企业内的正常指挥秩序遭到破坏。此外，考评结果的最终裁决权掌握在最高管理者手中。在很多情况下，考评结果最终会送到最高管理者那里去审批，结果就把员工对考评结果可能存在的不满转嫁到了最高管理者身上。现实中员工对企业领导人的不满大多就是这样产生的。

（十五）传统消极文化意识和观念的影响

比较典型的，如求同心理、官本位、人情、关系网等。求同心理反映到考评中，就是你好、我好、大家都好，而拉不开差距；官本位反映到考评中，即长官意识十分严重；人情和关系网反映到考评中，则是关系好或是网中人，评价结果就较好，反之则较差。

（十六）绩效评价面谈的忽视

绩效评价面谈可以有效地检讨员工目前的工作绩效，使员工有机会提出改进工作绩效的办法，主管也得以借此修正员工的工作责任、目标及绩效指标，并且可以进一步了解员工是否需要接受更多的训练和辅导。此外，绩效评价面谈还能发展出一种主管与员工的共同联系渠道。

（十七）岗位分析缺失或不规范

在我国不少企业中，岗位分析并未受到应有的重视。一些企业岗位分析缺失，凭企业管理者的经验进行人员配置；一些企业虽然有岗位分析和岗位责任书，但既不规范也不科学，由此产生岗位职责模糊，或者交叉重叠。这样，一是失去了判断一个岗位工作完成与否的依据，岗位目标难以确定，导致难以进行科学考评；二是各岗位忙闲不均，存在同一职级的不同岗位之间工作量的大小、难易程度差别较大。结果，在其他表现差不多、工作任务也都完成的情况下，往往工作量大、工作难度高的岗位上的员工没有得到应有的评价和认可。

上述，我们列举了目前我国企业在绩效管理，尤其在绩效评价中存在的主要问题。这些问题在不同程度上影响着企业管理水平和效果，严重妨碍和削弱了人力资源绩效管理应起的作用。绩效评价已成为企业管理人员的最棘手的问题。因此，作为管理者一定要重视起绩效评价的作用。

※ 绩效管理的地位与作用

绩效管理是一个整合的管理系统，是人力资源管理的核心。要使绩效管理真正发挥其整合管理的作用，尽可能避免绩效管理的误区与问题

第一章
绩效管理概论

出现，进一步明确绩效管理的地位与作用则非常必要。

一、绩效管理的地位

与绩效评价不同，绩效管理是整合组织绩效与个人绩效的系统管理，具有战略性地位。这意味着绩效管理的一个定位问题，即绩效管理的目标与方向的问题出现。因此，要做好绩效管理，必须首先明确绩效管理的战略性功能，为绩效管理确定其战略地位。

一个企业能否选择正确的战略目标至关重要，而能否有效实现其战略目标也同样至关重要。绩效管理是企业战略目标实现的一种重要的支持手段。因为，企业战略目标的实施必然通过组织体系落实到每个人身上，通过发挥组织中人员的作用来实现目标。职务说明书中的岗位职责、任职标准等只是规定了某个岗位的职责和要求等内容，而绩效管理能像一条线索那样把每个职位的职责和要求串联起来，将承担职位的员工工作任务与企业战略相联系。通过制定每个员工的绩效目标，可以将企业战略目标、岗位、员工合为一体。

绩效管理通过有效的目标分解和逐步逐层的落实，能帮助企业实现预定的战略目标。在此基础上，理顺企业的管理流程，规范管理手段，提升管理者的管理水平，提高员工的自我管理能力。

二、绩效管理的作用

与绩效管理的战略地位相适应，绩效管理的作用主要体现为以下四方面。

（一）推进改革管理观念的不断创新

1. 管理就是对绩效的管理。绩效管理提倡大绩效观，即管理者的所有活动都是围绕绩效的管理进行的,包括组织的绩效、部门的绩效和员工的绩效,而所有的绩效又都是通过员工来实施并体现的,因此,管理即是员工绩效的管理。

2. 管理者与员工是绩效合作伙伴的关系。绩效管理提倡管理者与员工是一种合作伙伴的关系,共同致力于员工的绩效,员工的绩效在某种程度上就是管理者的绩效,管理者的绩效的高低是通过下属员工来实现的,这就使管理者和员工立场与利益趋向一致,而非对立。

3. 员工的绩效是管理者的重要职责。绩效管理提倡将管理员工的绩效作为管理者的主要职责,并明确写入管理者的职务说明书中,以制约管理者的管理行为,同时提醒和强化管理者的责任意识。

4. 员工是自己的绩效专家。绩效管理是需要员工明白绩效对自己的重要意义,教会员工如何进行自己的绩效管理并很好地管理自己的绩效,把员工培养成为自己的绩效管理专家,提高员工自我管理的能力。

(二)提升企业计划管理的有效性

在现实中,一些企业的管理并没有一定的计划性,管理的随意性很大,企业经营常处于不可控状态,而绩效管理则可以弥补这一问题。因为绩效管理系统就强调,认定合理的目标,通过绩效考核这一制度性要求,加强各部门和员工工作的计划性,从而提高公司经营过程的可控性。

若问一些管理者:"最近忙吗?"往往会得到这样的回答:"忙,忙得不得了!"若再问这些管理者:"具体忙些什么呢?"他们会讲出一连串所忙的事情,但却主次不分。不少管理者往往是为工作而工作,很少考虑和分析这些工作对组织目标的关系和贡献。绩效管理则告诉管理人员保持忙碌与达到组织目标并不是一回事。绩效管理的贡献就在于它对组织最终目标的关注,促使组织成员的努力方向可以从单纯的忙碌向

第一章
绩效管理概论

有效的方向转变。

（三）促使管理者提高管理技能

在许多企业中，部分管理人员缺乏必要的管理技能，或忙于具体的业务工作，或为琐碎事务脱不开身，不知道如何管人和如何发挥部门优势。而绩效管理的制度性和系统性的要求将迫使部门主管必须制定工作计划目标，必须对员工做出评价，必须与下属充分讨论工作和沟通，并帮助下属提高绩效。绩效管理要求管理者必须具备以下几方面的管理技能。

1. 分解目标与制定目标的能力。绩效管理是将企业的战略规划、远景目标和员工的绩效目标有效结合起来，员工的目标就是企业的战略目标的分解。因此，管理者必须掌握分解战略目标和制定部门目标与员工目标的能力。

2. 帮助员工提高绩效的能力。帮助员工提高绩效的过程就是管理者的管理过程，如何有效地帮助员工实现绩效目标需要管理者进一步思考，需要有指导、鼓励和监控等能力。

3. 沟通的技能。沟通的技能是很多管理者所欠缺的，因此，要想管理好员工的绩效，管理者必须不断研究沟通的技巧、方法，提高沟通的效率。

4. 评估员工绩效的能力。员工的绩效最终要通过评估来检验，管理者必须掌握如何能公平、公正地考评员工，才会给员工一个令人信服的评价。

5. 绩效分析与诊断的能力。为使绩效管理更加合理有效，管理者还必须能分析和诊断员工绩效，找出绩效管理中存在的不足，以便查漏补缺，不断提高和完善。

这一系列的技能要求本来是每位管理者应具备的，但事实上许多企业由于没有明确规定，无形中也就淡化了管理者的管理要求和责任。绩效管理就需要设计一套制度和程序来规范每位管理者的行为。换言之，管理者必须具备相应的管理技能，才可能做好绩效管理工作。因此，绩效管理实施成为提高管理者水平的一种有效途径。

（四）有助于开发员工能力和职业绩效管理

不同于以往的绩效考评，它强调如何使员工以后工作做得更好，重视在员工绩效目标达成过程中与员工的持续沟通、对员工工作的指导，并通过绩效考评反馈，有针对性地提供员工培训和发展的机会，促使员工能力和职业生涯的进步。

本章首先分析和界定了绩效、绩效评价、绩效管理的基本概念；然后又讨论了绩效管理系统的主要内容，指出绩效管理是将人员绩效与组织绩效相融合的管理系统。并在此基础上，结合现实，分析绩效管理中存在的误区和问题。误区分析主要着重分析企业管理者特别是高层管理者在绩效管理认识上的偏差，问题分析则侧重分析绩效管理特别是绩效评价中存在的问题，因为，现实中的绩效管理活动还主要表现为绩效评价活动。最后，讨论现代意义上的绩效管理所具有的战略地位和具体作用。

第二章
绩效管理培训

绩效
管理工具

※ 绩效管理培训需求分析

绩效管理培训是绩效管理体系实施中的一个重要环节。但在我国的一些企业中，这一环节常常被忽略，或者即使一些企业开始重视绩效管理培训，但往往在培训程序和方法上因为不够成熟而经常存在一些不足之处。为此，本书将绩效管理培训专门作为一章进行讨论。

绩效管理培训既是绩效管理的内容，又是人力资源管理中的专项培训之一。组织和实施绩效管理培训需要了解一般培训管理系统，并掌握一般培训管理的方法和技术。根据企业实际需要，制定合适的绩效管理培训计划。绩效管理培训需求分析是绩效管理培训计划制定的基本依据，也是绩效管理培训活动的首要环节。

那么，一个企业怎样针对实际需要进行有效的绩效管理培训呢？这里，我们先从有关绩效管理培训的模式和基本方法开始讨论。

一、绩效管理培训需求分析模式

绩效管理培训作为组织的一项专项培训，其培训需求分析模式与一般培训需求模式相一致，它涉及人员、工作、组织及其组织所处的环境。其中，组织、工作和人员三个层面的培训需求分析构成此系统的主体部分。

（一）组织层面的绩效管理培训需求分析

管理培训需求的组织分析依据组织目标、结构、文化和价值观、政策等因素，分析和找出组织绩效管理中存在的问题与问题产生的根源，以确定绩效管理培训是否能解决这类问题，确定在整个组织层面需要进行哪些相关人员和内容的培训。因此，绩效管理培训需求的组

第二章
绩效管理培训

织分析涉及影响绩效管理培训计划的有关组织的各个方面，包括对组织目标和绩效管理目标的检验、组织资源的评估、组织特征的分析以及环境影响作用的分析等方面。具体而言，组织分析主要包括以下几方面内容：

1. 组织目标与绩效管理目标。明确的组织目标和绩效管理目标既对组织发展起重要作用，也对绩效管理培训计划的制定与执行起决定性作用。组织目标和绩效管理目标的分析主要围绕组织目标和绩效管理目标的达成是否需要培训展开和支持。

2. 组织资源。如果没有明确可被利用的人力、物力和财力资源，就难以确立绩效管理培训目标。组织资源分析包括对组织的资金、时间、人力等资源的分析。资金是指组织所能提供的经费，它将影响培训的宽度和深度。时间，对一个组织而言就是金钱，绩效管理培训需要相应时间的保证。如果时间紧迫或安排不当，则会影响培训效果。人力则是决定培训是否可行和有效的另一关键因素，如组织中是否具备有可胜任的绩效管理培训师，现有的管理者的能力、知识和素质如何等。

3. 组织特征。组织特征对绩效管理培训的成功与否也起重要的影响作用。因为，当绩效管理培训计划和组织的价值观不一致时，培训的效果就很难保证。员工的工作精神、工作态度，对公司的向心力以及对企业文化的理解和接受程度等都与组织目标和绩效管理目标的达成有重要影响。尽管这些因素在设计和开发绩效管理体系时可能进行过分析，但在绩效管理培训需求分析时仍需要进行回顾。组织特征分析主要是对组织的系统结构、文化、信息沟通情况的了解，以判断这些因素是否适应和支持绩效管理培训，是否存在障碍因素而需要解决的问题。

（二）工作层面的绩效管理培训需求分析

这主要是针对管理者的工作岗位职责和要求的分析。任何一个管理

绩效管理工具

岗位，除了有本岗位的业务工作职责外，同时还有对人的管理职责。例如，一个销售经理岗位，除了负责销售产品、客户服务管理、扩大产品市场占有率等业务职责外，还负有对本部门销售人员的聘用选拔、绩效考核、工作指导等管理职责。不同的管理岗位，所承担的人员管理的责任和权限不同，要求的胜任能力和资格也不同。此外，人力资源职能管理岗位的管理人员，除了与直线管理岗位承担相似的人员管理职责外，还具有对公司整个人力资源管理系统运行的相关职责，如公司人力资源管理系统的程序开发、政策研究和建议，为直线管理人员提供咨询、建议和支持等职责。不同公司、不同发展阶段、不同层面的人力资源职能管理岗位，其职责、要求和胜任能力都不相同。

绩效管理培训需求的工作分析是通过查阅工作说明书或具体分析完成某一工作所需要的技能，了解管理者有效完成该项工作必须具备的条件，找出差距，从而确定绩效管理培训需求。绩效管理培训需求的工作分析的目的在于了解与绩效管理有关的工作内容和标准，以及胜任该项工作所应具备的知识和技能。这就需要从公司整体发展需要和绩效管理目标角度，分析工作层面的绩效管理培训需求。公司的发展壮大，对各个管理者的要求不是一成不变的。公司发展对管理岗位工作的要求，既是绩效管理培训需求时需充分考虑的一个重要因素，也是绩效管理培训追求的一个目标。

需要说明的是，虽然工作层面的绩效管理培训需求分析主要针对管理岗位，但在一些企业中，一些非管理的员工岗位，其工作层面的分析并不仅仅局限于岗位职责分析，而是扩展到所在的部门工作要求的分析。例如，F公司设有研发部专业技术岗位，尽管研发专业技术岗位说明书没有规定考核同级同事或提供服务者的职责，但某公司考虑研发部门专业技术岗位在公司发展中的重要地位，及更好地激励研发专业技术人员的自主性和积极性，同时也为了促进研发部管理人员的能力提高，规定研发部专业技术岗位提供有关人员的绩效评估信息。也许，在H公

第二章
绩效管理培训

司，像F公司研发部专业技术岗位的要求扩大到多个部门乃至整个公司的岗位，在每个部门都规定这样的做法。因此，这种工作层面的绩效管理培训需求分析就扩展到部门层面了。

（三）人员层面的绩效管理培训需求分析

绩效管理是管理者和员工共同参与完成的事情。管理者需要承担绩效评估者的角色，但并不意味着：在现实中，每个管理者都胜任绩效评估者的职责。在许多企业中，那些没有接受有关绩效管理培训的管理者是凭经验或自我感觉评估其员工。作为被评估者的员工，在不同的企业、不同的岗位中，参与绩效评估的程度不同，承担的职责也就不同。在一些企业，从事较复杂工作的知识型员工，在被评估的同时也需要对自己进行评估。在采用多元信息反馈或称为360度信息反馈评价的企业中，部分员工不仅是自己绩效的评估者，还是同级同事、上司绩效的评估者。

人员分析是从绩效管理受训者的角度分析培训需求，通过人员分析确定哪些人需要培训及需要何种培训。人员分析一般分为两类：一类是管理人员分析，这主要对照工作绩效标准，分析管理人员目前人员管理绩效水平及胜任情况，找出管理人员的现状与标准的差距，以确定受训者及其培训内容和培训后需达到的效果；另一类是一般员工分析，这主要是分析作为被评估者的要求和能力，以及同时作为评估者的要求和能力，对照员工的现状，确定需要培训的内容。

可见，绩效管理培训需求的分析贯穿于组织、工作、人员三个不同层面，相辅相成构成一个有机的系统分析模式，缺少任何一个层面的分析都不能成为有效的分析。

二、绩效管理培训需求分析方法

一般地说，分析培训需求包括两个方面：一是收集培训需求信息，二是整理和分析这些信息，以确定培训需求和目标。由于绩效管理培训是一项专项培训活动，因此，收集的信息相对集中和明确。结合前面分析的绩效管理培训需求分析模式，采用的需求分析方法主要有访谈法、问卷调查法、关键事件法、经验预计法和基于胜任力的需求分析法等。

（一）访谈法

访谈法是通过与被访谈人进行面对面的交谈，来获取培训需求信息。绩效管理培训需求的分析主要是通过与企业管理层面谈，特别是与高层管理者的面谈，因为绩效管理体系的实施和执行往往是一种管理方法或制度的变化，涉及管理者和员工观念的改变。与高层管理者面谈，不仅能了解组织对绩效管理培训的总的指导方向和准则，还能了解组织通过绩效管理希望达到哪些观念的转变和强化。与一般管理者面谈，既能了解管理者对绩效管理体系的认识，也能了解他们的要求与期望。与一般员工面谈，既能了解员工对绩效管理体系的认识，也能了解员工对管理层和组织的要求及看法。访谈法需要一些专门的技巧。在访谈开始前，首先应该明确需要何种信息，然后准备访谈提纲。访谈中提出的问题可以是开放性的，也可以是封闭性的。当然，封闭式的访谈结果比较容易分析，但是，开放式访谈常常可以发现意外的更能说明问题的事实。访谈可以是结构式的，即以标准模式向所有被访者提出同样的问题；也可以是非结构式的，即针对不同对象提出不同的开放式问题。一般情况下采用两种方式相结合，即以结构式访谈为主，非结构式访谈为辅。

（二）问卷调查法

问卷调查法是以标准化的问卷形式列出一组问题，要求调查对象就问题进行打分或是非选择。当需要调查的人员较多，并且时间较为紧迫的时候，则可以精心准备一份问卷以信函、传真或直接发放的方式让对方填写，也可以在进行面谈和电话访谈时由自己填写。在进行问卷调查时，问卷的编写尤为重要。在绩效管理培训需求分析中，问卷一般同时要面向管理层和员工征求绩效管理培训的需求意见，并了解目前绩效评估中存在的不足或问题。

通常，访谈法与问卷调查法会结合使用，通过访谈来补充或核实调查问卷的内容，讨论填写不清楚的地方，探索较深层次的、较详尽的原因。

（三）关键事件法

在人力资源管理中，关键事件法是一种应用较广的方法。它可以作为绩效评价的方法（见本书第四章中的相关阐述），也可以用于培训需求分析、工作分析等领域。在绩效管理培训需求分析中，关键事件主要指对绩效管理目标和绩效目标实现其关键性积极或消极作用的事件，例如，管理者由于绩效评估偏差引起员工强烈不满而投诉的事件，评估指标不合理导致员工积极性降低、生产率下降或人才离职率上升的事件等。

关键事件的记录为绩效管理培训项目分析提供了方便而有意义的信息来源。关键事件法要求人力资源管理职能人员记录导致事件发生的原因和背景，相关特别有效或失败的行为，关键行为的后果，以及管理者或员工自己能否支配或控制行为后果，等等。关键事件分析时应注意以下两方面问题：

（1）制定保存重大事件记录的指导原则并建立记录媒体（如，工作日志，事项记录等）。

（2）对记录进行定期的分析，明确员工的能力或知识方面的缺陷以确定培训需求。

（四）经验预计法

绩效管理培训需求有时具有一定规律性，可以凭借丰富的管理经验进行预计。对于预计到的绩效管理培训需求，可在需求发生之前采取对策，这样既避免了当需求临时出现时给绩效管理培训工作带来措手不及的尴尬，又防止了可能发生的某些由于缺乏培训带来的损失。预计绩效管理培训需求一般可通过以下途径实现：

（1）借鉴同行先进的管理经验。借鉴同行业中的标杆企业或领先企业的绩效管理经验，分析本企业绩效管理中存在的不足或差距，为企业制定与企业发展战略目标相一致的绩效管理目标，针对不足或差距，分析绩效管理培训的需求。

（2）企业组织重组和变革。在企业重组或兼并的过程中，观念的碰撞和磨合，管理机制和方法的改变，其中也必然包括绩效管理体系的变革。新的绩效管理体系在新的环境中实施，需要一个适应和接受的过程。为了尽快使管理者和员工适应变化的环境和接受新的绩效管理体系，需要对管理者和相关员工进行必要的培训。

（3）改革薪酬管理战略与制度。绩效管理体系的变革与薪酬管理战略和制度的变化有密切关系。通常，公司要改革薪酬管理战略与制度，必然要改革现有的绩效管理体系，以有力支持薪酬管理战略与制度的改革，因此，随之而来的是需要进行绩效管理培训。

（五）基于胜任力的需求分析法

胜任力指员工胜任某一工作或任务所需要的个体特征，包括个人知识、技能、态度和价值观等。现在许多公司依据经营战略建立组织层面的胜任力模型，为公司员工招聘选拔、培训和开发、绩效考评和报酬管理服务。

基于胜任力的培训需求分析，其主要步骤如下：

（1）职位概描。将所需要的绩效水平的胜任力分配到职位中，这是行使一个具体工作职能所要求的专业能力，通过职位要求的绩效水平，确定所需的相关胜任能力。职位概描为胜任力识别和分配提供了

第二章
绩效管理培训

基础。

（2）个人概描。依据职位要求的绩效标准来评估职位任职者个体目前的绩效水平。结合有关数据资料，依据个体绩效现状及重要性排序确定培训需求。个人能力概描提供了员工胜任力的记录。

职位和个人胜任力得到界定后，确定培训需求就变得容易了。同样，组织层面的新的胜任力需要可以与已知的胜任力结构相呼应，并由此可以有效地预测组织范围内的未来培训需求。

在绩效管理培训需求分析中，应用基于胜任力的需求分析将更有针对性。对管理者来说，要有分析其胜任力构成中对人员管理的能力要求。如果公司中许多管理者对人员绩效评估和管理的能力有欠缺，则需要对管理者进行针对性的绩效管理技能和能力的培训。

不同的公司应该根据其绩效目标与绩效管理目标，结合公司的具体情况，选择合适的绩效管理培训需求分析方法。通常可综合考虑选择两种或多种分析方法，以提高绩效管理培训需求分析的有效性，尽可能避免高层管理者"拍脑袋"或由外部中间咨询公司牵着鼻子走，没方向、随大流，缺乏绩效管理培训的针对性或实用性。

※ 绩效管理培训计划

经过培训需求分析，明确了培训需求之后，即可确定培训计划。绩效管理培训计划既是绩效管理培训需求分析的结果，也是绩效管理培训实施的指导方案。绩效管理培训计划的制定将绩效管理培训目标变为现实。培训计划主要包括设立培训目标、确定培训内容和受训对象、选择和确定培训师、培训方法、培训预算等。

一、绩效管理培训目标

绩效管理培训目标是依据组织发展目标和绩效管理目标,通过制定合适的绩效管理培训计划,支持和实现绩效管理目标。绩效管理培训目标主要表现为以下几点:

一是帮助和促使管理者和员工认识、理解和接受绩效管理体系。制度执行,理念先行。先有正确的认识和理解,才有有效的执行。通过培训,让评估人和被评估人真正认识绩效管理的意义、绩效管理指标和标准的含义和目的,促使管理者和员工端正态度、转变观念。通过培训,减少管理者与员工之间的不必要摩擦,让双方清楚各自的角色和职责。

二是培养责任感。绩效管理是一项从公司战略目标着眼,本着提高公司总体绩效为目的,集中于员工个人绩效,将员工绩效和公司总体绩效相联系进行绩效管理的制度。通过绩效管理培训,培养管理者和员工的责任感。这种责任感是有效实施绩效管理的必要条件。

三是掌握绩效管理的技巧和方法。一个完整的绩效管理系统,涉及多种绩效管理和评估方法,以及相应的绩效管理和评估技巧。通过培训,使管理者能制订出下属的工作职责和工作目标;掌握绩效管理和评估方法、程序和评估标准;掌握绩效评估面谈、绩效管理指导和绩效改进计划技巧;克服和避免绩效管理和评估过程中的主观偏差。

二、绩效管理培训的主要内容

根据绩效管理培训目标,绩效管理培训内容一般表现为观念和意识、知识和理论、技巧和方法三类。具体的绩效管理培训内容又因为不同的受训对象而不同。通常受训对象分为管理者与员工两类,在管理者中又分为直线管理者与职能管理者。

第二章
绩效管理培训

（一）绩效管理的观念和意识的培训

在绩效管理培训中，观念和意识的转变培训要先行。企业实施绩效管理的意义与目的、绩效管理体系的基本内容及操作流程和政策等需要通过宣传、培训的手段，灌输给员工，让员工认识、理解并接受。在我国，虽然企业改革已有几十年的发展历程，但许多企业的人力资源管理观念和水平仍需要提高。一般地说，企业推行一套绩效管理体系，都是对原有绩效考评的一次改革。因此，关于绩效管理的观念和意义的培训就更为重要。这种观念和意义的培训通常是全员性的，以绩效管理的动员大会形式拉开序幕。

（二）绩效管理的知识和理论的培训

这种内容的培训既系统又有一定的专业深度，一般是针对人力资源职能管理人员进行。这种培训通常需要基于人力资源管理理论系统展开，结合薪酬管理和员工开发的知识和理论，集中于绩效管理，对绩效管理的系统知识和理论进行培训。这种职能性的培训形式，一般企业都会让人力资源管理职能人员参加"外训"，即由外部专业培训机构组织的专业人士的培训。如果公司是规模经营的集团公司，培训中心可以根据需要组织各子公司和分公司的人力资源管理职能人员进行培训。

三、绩效管理培训师、受训者和培训时间

绩效管理培训由相关职能部门负责计划和实施。如果公司规模很大，设有专门的培训部或培训中心，则由该部门负责；如果公司规模一般，不专门设立培训部，则由人力资源部负责。培训师可考虑由负责开发和设计绩效管理体系、具有较丰富的理论和实践知识的人力资源管理专家担任。绩效管理培训师人选来源包括企业内部资深的人力资源管理

专业人员和外部人力资源管理专家。

受训人员主要包括直线管理者和员工。在规模较大的组织中，要对直线管理者分批进行培训。首先对直线经理们进行专门培训，然后再由这些直线经理作为培训师或指导者对下级的主管和员工进行培训。

培训时间的长短取决于培训目标和内容而定，通常在2~3天。

四、绩效管理培训形式与方法

不同的受训对象和不同的培训内容会采用不同的培训形式与方法。绩效管理培训一般选择脱产的集中研讨会形式。如果是有关绩效管理的观念和意识性培训会采用讲座法，如果是侧重于绩效管理的技巧和方法的培训则较多采用角色扮演和行为示范法。

（一）讲座法

讲座法指培训师用语言将他想要传授给受训者的内容表达出来的一种培训方式。在这种培训方法中，受训者是作为信息的被动接受者，培训师与受训者之间的沟通在大多数时候也是一种单向沟通——从培训师到受训者。采用讲座法的培训时间依据培训目的、内容、对象而定，一般不宜太长。培训地点选择宽敞、安静，不易受外界干扰的地方。

采用讲座法进行绩效管理培训，需要注意以下两个环节。

第一，准备环节。这主要包括选择合适的培训师和做好授课前的准备。培训师是演讲法的灵魂人物，培训质量全由他把握。培训师必须具有良好的仪表、谈吐，深厚的专业理论功底，善于运用所编资料，有授课的经历，有有效组织学员的能力及评价技术，学习能力强。能选择合适的教室授课，能准备好讲课所用资料和讲课设备及发给学员的讲课资料。

第二章
绩效管理培训

第二,实施环节。这主要包括演讲内容和演讲技巧。在演讲内容实施时,应遵循授课的阶段性,即开始阶段——阐明培训的大致内容和重点;重点阶段——强调课程的主旨和要点;阐述阶段——举实例印证主旨;重复阶段——归纳或总结讲课内容。应注意的是,此阶段并非一成不变的。培训师应该根据讲课内容和自己一贯的风格来把握实施。为能有效地抓住听课者的注意力,让他们充分理解消化,应打破陈规,灵活自如,创新求变。

为了使演讲充分发挥效果,除了演讲的内容应符合听课对象外,演讲的技巧也非常重要。演讲技巧主要包括:

(1)培训师的第一印象。包括仪表、着装及音调、音量与语速,给学员积极的暗示。

(2)引出主题的方式。为激发听者的听课兴趣,导入主题的技巧非常重要,一般可采取开门见山直入主题,或以社会热点问题作开场白,或以格言、警句引出问题,或以幽默、笑话的方式引出话题等。不管以何种方式作开场白,都应迅速地切入主题,切忌长久游离于主题之外,喧宾夺主。

(3)演讲中保持讲述的条理性,授课内容提纲挈领。授课时讲师要保持清晰的条理,抓住演讲的重点,突破难点。这要求讲师必须在课前做好准备工作,不仅要收集大量的材料,而且要对材料进行归纳整理,找出授课内容的重点。

(4)听觉与视觉结合。在授课中,若只凭声音的技巧来讲授,很容易变得僵硬、单调。因此最好能活用白板、幻灯片等辅助教具,配合自己的表情、手势,达到视觉与听觉的双重效果。

(5)身体语言的重要性。讲课中,应注意自己的手势与动作,特别是手势要符合当时的语气与内容,身体姿势切不可单一、僵硬,应尽量放松自然。有时手中拿一小道具是放松的要诀,小小一根激光指示笔也能辅助培训师达到理想的效果。

在采用演讲法培训时，应充分认识它存在的不足。它缺少学员的参与、反馈及与工作环境的密切联系，强调学员的聆听，不大容易激发学员的兴趣或热情，而且由于是单向沟通，培训师难以快速获得学员的理解程度。针对这些不足，在演讲中，培训师应以20分钟为一段落，加强每段的兴奋点，避免出现受训者因缺乏参与而导致注意力不集中的现象，同时附加问答、举例等小环节，提供学员参与的机会，从而提高培训的效果。

（二）角色扮演

这是情景模拟培训的一种方式，指在一个模拟的工作环境中，让受训人员扮演其中人物，承担其中角色的工作职责的一种培训方法。通过这种方法，受训者能较快熟悉新的工作环境，了解新的工作业务，掌握必需的工作技能，尽快适应实际工作的要求。角色扮演的关键问题是排除参加者的心理障碍，让参加者意识到角色扮演的重要意义，减轻其心理压力。角色扮演对提高受训者的工作技能或改造工作习惯很有帮助。比如，在绩效管理培训中，让两个受训人员进行绩效评估面谈的角色扮演，一个扮演直接上司，即面谈者角色；另一个扮演员工，即被面谈者，就年底的绩效评估进行反馈。用这种角色扮演来体验如何合理有效地进行绩效评估面谈训练，更容易让受训对象认识到存在的不足，从而改进绩效评估面谈技巧。

（三）行为示范

行为示范法是指通过为受训者观摩行为标准样例或录像、幻灯等，并进行实际操练的一种培训方法。比如可以将绩效规划或指导的具体情景录制成碟，而后提供给受训者观摩并讨论，从中学习有关好的做法和经验，或者发现一些应改善的方面或问题。

在国外，近些年来，行为示范培训成为最受欢迎的人际关系和管理

第二章
绩效管理培训

技能培训方法被广泛地应用。行为示范培训由四个流程组成：注意、回应、机械重复与激励。简单说来，培训的目的就是让受训者观察一个模式，记住这个模式做了些什么，从而模仿这个模式做过的事，并最终在工作中应用他们所学的东西。

国外许多实验研究表明，行为示范能成为一项成功的培训技巧。但最近也有实验研究指出，行为示范存在着不少不确定的结果和未验证的假设，特别是有关受训者将培训内容应用于现实环境中的困惑。例如，在一个行为示范效果反馈分析研究中，研究者发现，大多数行为示范受训者认为行为示范培训仅仅依靠受训者的反应与纸上训练标准，并没有评估行为的产出。另外，当行为产出被评估以后，结果也不明显。

一些研究者指出，传统的行为示范可能是这个培训过程中最薄弱的一环。也就是说，现存的示范模式太简单，又或冗长或不现实。根据学习理论，现存的示范模式系统因缺少变化而对受训者缺乏吸引力。

然而，人际关系和管理技巧的培训要求受训者不是简单地重复培训行为示范模式，而是掌握处理事情的基本观念与规则，明确当某一事件发生时应采取相关类型的行动。培训的意图是使受训者从模型中提炼出基本的观念并将之应用到相似的环境中去。对于这种类型的行为示范培训的研究表明，受训者行为与可变刺激相关。培训中不变因素可能导致培训效果不佳。因此，相关学者提出，在人际关系和管理技巧的行为示范模式培训中应增加多样化或可变性，即使用多重相关情景，以提高行为示范培训的有效性。这种多重相关情景可以是正面的例子，也可以是反面的例子。正面的例子在传统培训中被广泛使用，是因为它们明确地指出希望受训者采取的行为。而反面例子虽然没有明确指出希望被训者采取的行为，但明确指出什么是错误的。正面例子能提供更多的信息并且更容易被接受。但在使用正面例子的同时，巧妙地使用反面例子，不但不会减少正面学习的效果，反而会强化正面例子的印象和记忆。

绩效管理技能作为一种人际关系和管理技能，在绩效管理培训中应用行为示范法时，应注意行为示范法的特点，尽可能发挥其优点，提高其方法的有效性。

五、绩效管理培训计划过程中的注意事项

在绩效管理培训计划过程中，除了分析和恰当选择前面分析的主要因素外，一些成功企业的绩效管理培训计划活动的经验表明，培训计划的成功还依赖于一些其他因素，归纳起来有以下几点：

第一点，寻求获得高阶管理层对绩效管理培训的支持。积极与高阶管理层沟通，赢得高阶管理层对培训的支持至关重要。高阶管理层执掌公司的资源，洞悉企业战略发展目标与绩效管理之间的关系，如果绩效管理培训活动与战略发展目标紧密联系，管理层就会全力支持计划的执行并提供所需的资源。

第二点，直线管理层对制定培训计划的参与。在制定绩效管理培训计划过程中，应该让直线管理层参与设计培训计划，这一点很重要。直线管理层对绩效管理培训需求与员工的了解，能帮助培训部门更准确地定位绩效管理培训的重点，同时基于直线管理层对培训计划与培训目标的理解，能有效保证今后的培训活动的开展获得积极的支持。

第三点，注意投入与效益产出的分析。绩效管理培训是企业的一种投入，包括资金和人员工作时间的投入。企业运营过程中所能运用的资源是有限的，培训部门需要进行绩效管理培训的合理预算，在绩效管理培训活动正式执行前，培训计划需要提交公司管理层，经审批后才可执行。因此，能否充分展现绩效管理培训的效益对培训部门能否得到管理层对培训投入的承诺，起着至关重要的作用。

第二章
绩效管理培训

※ 绩效管理培训实施与评估

制定的绩效管理培训计划需要付诸行动。绩效管理培训计划实施过程是一个动态持续的过程。新的绩效管理体系在实施之前，需要对相关管理者和员工进行培训。同时，在绩效管理体系实施过程中，需要不断对新的管理者或新的员工进行培训。培训评估是对培训实施有效性的检验和监控。绩效管理培训虽然不像某些培训评估那么复杂，但同样需要进行评估。

一、绩效管理培训实施

由公司培训部或人力资源部具体负责实施。一般情况下，公司在开发和设计绩效管理体系时就会成立绩效管理或绩效评估委员会。绩效管理委员会一般由公司总经理、主管人力资源副总、人力资源部经理等构成。绩效管理委员会指导和监督绩效管理培训的实施。

（一）高阶管理层对绩效管理培训的重视和参与

在绩效管理培训实施中，公司高阶管理层起着至关重要的作用。高阶管理层，积极支持和参与绩效管理培训，其影响重大。高阶管理层不需要参与整个绩效管理培训课程，但如果他们肯花一天时间参与绩效管理培训，特别是有关绩效管理的技巧和方法的培训，强调绩效管理的规范化和科学性，那么这种行为的影响作用比高阶管理层口头上强调绩效管理如何重要，要强很多倍。

高阶管理层可能经常会对下属谈绩效管理如何重要，谈绩效评估的科学性和公平性如何重要，谈通过科学合理的绩效管理调动员工的积极性和提高员工绩效是如何重要。但如果高阶管理层只停留于口头上，自己不带头学习并掌握绩效管理技巧和方法，下属又怎么会认真参与组织的培训呢？

（二）解释和说明绩效管理政策和制度

如果绩效管理培训服务于两个目的：即既向管理者和员工介绍新的绩效管理体系、提高他们对新绩效管理体系的认识，又培训管理者和员工相关的技巧和方法。那么，特别是在介绍新的绩效管理体系的培训讨论中，受训对象可能会向绩效管理委员会成员提出许多他们不了解但很想了解的问题，例如，对绩效衡量标准的异议、新的绩效目标改变的原因、新的绩效管理体系与原有的绩效管理体系的差异等。当受训对象会提出一连串问题时，绩效管理委员会成员就需要耐心地向受训对象进行解释和说明，力求使受训对象得到满意的答复，促使绩效管理培训顺利开展。

（三）确保正在实施的绩效管理培训持续成功

一般来说，企业每年都需要进行绩效管理和评估，并且新的绩效管理体系实施之前需要培训。一旦新的绩效管理全面实施后，就需要更新和继续绩效管理培训。绩效管理体系第一周期结束后，绩效管理委员会需要对绩效管理活动进行评估和书面总结，并就存在的问题或不足进行原因分析，提出解决对策和方法。在方法和对策中就包括对绩效管理培训的改进，因为在绩效管理活动的评估中包含对绩效管理培训效果的检验和评估。

另外，在绩效管理体系第一周期完成后，在第二周期实施以前，如果原有的绩效管理体系有了改进，就又需要组织绩效管理培训。同时，对新招聘进来或晋升的管理者进行绩效管理系统培训。国外很多企业规定：受训对象是遵循自愿参加原则，但对管理者而言，如果没有参加过企业现行绩效管理体系的系统培训，就没有资格当绩效评估者。因此，

第二章
绩效管理培训

这种对管理者的"自愿参加"原则也就变成了"全员参加"原则。

二、绩效管理培训评估

绩效管理培训是一项专项培训，具有非常明确的培训目标和现实操作性。"培训后即用"是绩效管理培训的一大特点。由于这一特点，一些企业往往忽视对绩效管理培训效果作专门的评估，认为绩效管理培训的效果马上就会通过绩效管理体系的实施效果中反映出来。然而，从理论上看，绩效管理培训作为一项企业组织实施的培训活动，它需要进行规范化的效果评估，同时也是加强绩效管理培训管理、提高绩效管理培训有效性的必要环节。对绩效管理培训评估，同样适合采用柯克帕屈克的评估模型。

（一）柯克帕屈克评估四层次模式

第一层是学习者反应层次。这一水平的评估是在自然状态下对情感的评估，因为无论培训师怎样认真备课，学员只要对某方面不感兴趣，就不会认真学习。因此，培训师要针对学员对有关训练方案的内容、设备、培训资料、培训步调以及培训时间长短的感受程度进行评估。观察、问卷、焦点小组访谈可用于评估学习者对培训的反应。这是培训效果测定的最低层次。通常以问卷来测定，问题可以是：受训者是否喜欢这次培训？是否认为培训师很出色？是否认为这次培训对自己很有帮助？哪些地方可以进一步改进？

第二层是知识迁移层次。这一层次的评估是测量参与学习的人实际掌握的知识，其中既有认知问题也有技能问题。开发这一层次评估比开发学习者行为观察更困难也更耗时，但它对于测量是否达到学习目标很重要。学习者知识迁移测验弥补了传统课程和在线课程中使用的传统测试过程。知识迁移测试的类型可以是识别（多项选择）、回忆（填空、简答)、问题解决、短文问题回答、个案研究和实际应用。可以运用书面测试、操作测试、等级情景模拟等方法来测定。主要测定受训者受训后与受训前相比,是否掌握了较多的知识和较多的技能,是否改变了态度等。

第三层是行为迁移层次。这一层次的评估是为了记录学员是否真正掌握了培训内容并运用到工作中去,针对的是被观察到的可测量的学习者行为改变。学习的实际影响通常不是在传统的学习环境中测量的,而是在培训项目结束后进行认证测试。但这不能完全证明学习者的学习效果,因此,需要在工作中或对学习的实际应用进行测试。一些实践者建议应使用一个控制组或一个目标组的前测与后测。这一层次的评估可以得到全方位的观察,但是必须考虑培训之后有足够的时间进行行为的改变。可以通过上级、同事、下级、客户等相关人员对受训者的工作表现进行评估来测定,主要测定受训者在受训后行为是否有改善,是否运用了培训中的知识、技能,等等。

第四层是组织成效层次。这一层次的评估从个体变为组织,主要测定学员对组织经营成果有何直接且正面具体的贡献。如产量增加、效率提高、不良率减少、成本费用降低、抱怨减少、意外事故降低以及离职率降低等。也可以通过事故率、产品合格率、产量、销售量、成本、技术、利润、离职率、迟到率等指标来测定,主要测定内容是个体、群体、组织在受训后是否有改善,这是最重要的一个测定层次。

(二)柯克帕屈克评估模型在绩效管理培训中的应用

在绩效管理培训效果评估中,可应用柯克帕屈克四层次模式。首先,在绩效管理培训结束后,可以通过问卷形式对受训者进行反应层次的评估。问卷内容侧重于培训目的的理解、培训方法、培训内容、培训师的培训技巧与专业知识和理论、培训组织工作情况、培训收获感受等方面。通过受训者对绩效管理培训的情感反应,分析和总结绩效管理培

第二章
绩效管理培训

训的经验与不足。

在绩效管理培训中，企业可以根据受训者和培训内容的特点，对受训者进行知识迁移，即学习层面的评估。通常，集团公司对人力资源职能管理人员进行的绩效管理知识、理论和方法的系统培训，公司对直线管理者进行的绩效管理技巧和方法的培训，都可以考虑学习效果的测定，以了解受训对象是否真的学到了有关绩效管理的知识、理论和方法。

在绩效管理培训中，行为和结果层次的评估可以通过绩效管理体系的实施监控活动收集相关信息和资料来进行。每次绩效管理体系实施后，企业都会对绩效管理实施效果进行监控和评估，总结绩效管理体系实施的经验和不足，以改进和完善下一周期绩效管理体系的实施。绩效管理培训效果的行为评估，典型的可通过管理者对员工绩效规划、绩效目标设置、绩效指导和反馈等行为表现和技能应用水平方面进行测定，可通过员工对绩效管理的态度转变、对绩效评估的支持和配合表现来评估。在结果层次，典型的可通过员工对管理者绩效评估误差的投诉率来衡量，可通过员工生产率、积极性的提高还是降低等因素来衡量。

诚然，任何培训效果的准确评估都有难度和挑战性，绩效管理培训评估也不例外。评估绩效管理培训效果并不是最终目的，通过绩效管理培训评估不断改进和提高绩效管理培训的有效性才是最终目的。通用电气公司原总裁杰克·韦尔奇认为，详细评估培训带来的收益是非常困难的，与其花大力气计算培训的效益，不如去加大公司对员工培训的投入。通用公司在有必要的情况下使用调查方法进行培训的整编，但是他们强调的重点是培训而不是评估，他们认为培训的回报以各种有形的和无形的结果表现出来，例如，增加的顾客满意度、员工职业发展计划等都是培训有价值的最佳证明。因此，通用电气公司对培训评估的看法及其做法，同样对那些进行绩效管理培训评估的公司有所启发。

第三章
企划部门绩效管理

企划案在实行之前,首先要做的事就是使企划案获得决策层的认可。费尽苦心拟好的企划案,如果不能在审议会上通过,或不被决策者采纳,那么为什么还要做这个企划呢?对于企划人自己来说,也许通过这一次拟定确实学到了一些东西,但对企业整体来说,未被采用的企划案所费的劳力、费用等就都是无用功了。这对双方来说,都是不受欢迎的。

企划案一定要百分之百地通过,这是一个企划人应有的正确态度。因此,企划人必须在企划案提出以前,做好充分的准备,以提高企划案的通过率。

※ 精心准备,事前模拟

歌剧、话剧在正式上演之前,都需要彩排。企划案在正式实施的前期,也需要做"彩排",即事前模拟。

这时候,企划人必须根据已经拟妥的预算表与进度表,运用图像思考法,模拟出企划实施的布局与进度。所谓图像思考法,就是用人类图像思考(传统只用语言思考)的本能,把未来可能发生的事,一幕一幕仔细地在脑海中呈现出来。

这时候,企划人的脑袋就像一部放映机,把企划案的布局进度事先在脑中播放一次。借助图像思考法,不但可以预测未来企划案的过程与发展(可借机修正缺失),也可以预测企划案实施后的效果。然后,根据可能出现的情况做好提案前的准备工作。

一、请同事帮助准备"答客问"

"答客问"是"事前模拟"的第一步,即事先充分揣摩在企划案提

第三章
企划部门绩效管理

出时，审议者和上级领导可能会提出什么样的质询和疑问，并如何做出回答。比如在同一企划部门内，组成一个假想的审议会，事先进行质疑，试着模拟演习是否能对假设的疑问或意见做恰当的回答，是否能充分传达自己的意思，是否能说服大家。要注意的是，假设的提问者应是审议会成员或上级领导，而不应是同事间的交流。

这种"答客问"可以请上级及部门的同事参加。先把企划内容讲出来，并请大家站在审议者的立场上坦率地提出意见。这样，企划人可以发现自己未注意到的地方和遗漏的问题点，或难以说明的表现手法、费用计算错误的地方、企划内部的矛盾等。即使出现故意挑错的质问也没关系，这样一来，真正审议现场出现的意见，也可以应对了。这种"答客问"不仅可以发现企划案存在的问题，而且也可以锻炼企划人的说服力，培养其自信心。

对于由几个人全力完成的企划案，可以将成员分成两个小组，一方负责提出质问，一方回答。一个企划案如果连这假想的审议小组都无法说服，那么在真正的审议会上通过的可能性就很小了。所以，有必要在事先补充或修订问题点。

如果认为一次还不够，可以事前做两次、三次。如果不能获得部门里全体同事的协助时，即便请一些好朋友提出假想的问题，也会有很大的效果。

二、"自问自答"有助于进一步发现问题

如在同事之中，难以选出假想问答的对象，或企划属于公司的高度机密时，在这些情况下，要做假想的模拟问答，就必须选择绝对可以信赖的对象才行，或干脆使用"自问自答"的方式。

在创意中，也可常借助录音机做"自问自答"以提高工作效率。这与一般常见的脑力激荡（动脑会议），即集合几个人为一组，针对某一

主题着想的方式不同，它只是一个人自己对着录音机进行的。利用这种操作更便于找到完善的着想点。

　　有关审议企划案的"自问自答"也可以利用这种方法来提高绩效。假定自己现在是审议者，把问题一一录进录音带里。录好后，将录音带倒回，再一面逐项听自己的问题，一面实际开口回答，录在另一台录音机的带子里。再回头听刚才的问答时，可能会想起其他问题来。再录下来，再回答，这样重复进行。

　　利用这种形式，企划人要站在审议者的立场，揣摩他们的想法。因为企划人总是难免偏袒自己的企划案，因此实在很难对自己提出严厉的问题或针对性的追究。总以为"不可能问这种问题吧"而故意省略避开，或者即使内心里觉得"很有可能被这样问到"但是仍有可能避开尖锐的问题。

　　实际上，企划人自己都感觉最难回答的或最脆弱的地方，往往就是问题集中攻击的地方。而自问自答时，即使不能立刻想到说服性较强的答案，也可想到某项补充内容，这对完善企划案、提高提案通过的可能性大有帮助。

　　通过这种自问自答，很容易发现回答方法中存在的不足。此外，将答不上来或遇到难题停顿下来的样子，一一录进带子，就会觉得"连自己都难为情"。这种情形反复练习多次之后，不仅可以完善回答方法，还可以增强信心，从而提高企划的绩效。充分的事前协调可提高提案的通过率。

　　依据事前模拟对企划案进行修正之后，企划人可能已经有足够的把握与信心来说服审议人员，没什么可担忧的了。不过，事情远不像想象的那么简单。

　　　　某公司的企划人提出一项提案，在审议会上的整个陈述过程中逻辑严密，滴水不漏，对有关人员的质疑也回答得完

第三章
企划部门绩效管理

> 美无缺。这时,审议委员会的主席——公司的一位常务董事却说:"刚才因为在想别的事情,所以对企划的说明没听清楚,我看等下一次会议时再陈述一遍吧!"结果审议也就无限期地搁置了。
>
> 而导致出现这一结果的直接原因是这位董事直到审议的当天才看到企划书,而其他人早就拿到企划书了,因此董事极为不满。

从这个案例中,我们可以看出"人"在企划案的评审中所起的作用。因此事前做好人的工作就显得特别重要,否则一步之差就会导致前功尽弃。这需要充分的事前协调。所谓事前协调工作是指在正式审议之前,为取得有关人员的理解、认同以及协助而从事的准备工作。

事前协调工作是一项企划评审前必须做的工作。有些人把事前协调看作是请客、送礼等不正当的行为,这是一种误解。实际上,事前协调就是使提案得以通过审议的技巧。

事前协调可以在正式会议开始之前先找审议委员面谈,对企划书的内容做详细的说明,并请他们提出意见以便进一步修改。

事前协调工作并不一定要找所有的审议委员,但应把重点放在持反对意见或有较大影响力的委员身上,在事前与他们在重要问题上达成共识,并请他们在审议会上给予协助或支持。尤其对于有可能持反对意见的个别人,必须要在事前做好协调工作,争取使他们转变为支持者,至少在审议会上保持中立。

不经过事前协调就能在审议会上顺利通过提案,这是最好的结果。但是,经过事前协调而通过的提案,不仅能锻炼企划人的事前协调能力,也提高了企划人现场应辩的能力。

绩效
管理工具

※ 全面综合进度表使企划管理更轻松

企划案是企划实施的根本依据，但仅有企划案是不够的。企划是智慧，计划是知识。企划实务必须根据正确的知识所组合成的计划来加以执行。企划的内容要避免变成计划，而企划的实行却非有计划不可。但是，一般的企划，常常有内容而无实行计划，或者只是计划而非企划。要想充分提升企划绩效，还必须制定综合进度表。

> 某位工程师曾经设计了从废弃橡胶中还原石油的创意。根据该项计划，在处理废弃橡胶后可回收质量很好的可还原石油，其回收率为90%，而且可以代替石油，价格还比石油低。使苦于无处处置的废弃橡胶成为优良的资源，这岂不是两全其美的事吗？
>
> 很快，在出现能源危机的现实中，这种创意与实验计划如火如荼地在各地推行了一阵子。可是最终因为没有进度表而不了了之了。

上面所举的例子就像卖不出去的优良商品，只停顿在企划立案的阶段，而没有实际可行的计划。从废弃橡胶中回收石油的企划一直无法成功的原因，就在于只满足于其实验计划的成功，而没有确定最为重要的实施计划。只是站在起跑点而没有规划路线，怎么可能会成功呢？

如果企划只有企划案而不实施，就犹如画饼充饥一样，对于企划绩效没有任何实际意义。所以，任何企划的实施都一定要有实行计划。也

第三章
企划部门绩效管理

就是说要有企划的进度表，把人的行动和时间的顺序关系具体地拟出来。因此，进度表的好坏足以影响企划的效果。

一般的企划也和电视节目一样，需要有详细的进度表，依表严密地排定时间，以使企划进展顺利，没有妨碍。可是，一般企划也如电视节目一样，不论舞台、场景、登场人物还是台词，都极为复杂，而且耗时甚久。同一时间里往往有各式人物上场，甚至各有其不同的动作，所以更要注意控制这些复杂的动作，以期企划能顺利进行。而这一切都要靠综合进度表。

综合进度表的用意是在拟定的时间内，监督这些动作的进行。所以综合进度表必须在一张纸上拟出，当作一览表使用。若分为二三张纸，难免因周和月份的纷乱，以致在监督上产生漏洞。综合进度表的拟定方式有几种，如下表这种一览表的形式，则更具有全面、简洁的优点，在使用中可以更好地减少失误。

××数字电视2024年营销企划综合进度根据对2024年的电视机市场调研、预测和企业自身的内部诊断，以时间顺序划分为三个阶段：

第一阶段：产品宣传阶段

10月1日～11月15日，以2024年新品数字电视为重点销售产品，以低于2000元的零售价为市场突破口，以二线城市为主战场，紧接着扩大到全国市场，利用新闻媒体制造新闻界、商业界及消费者的关注点，吸引消费者的眼球，使××数字电视在2024年的电视机市场中抢得先机，为2024年××数字电视的全年销售奠定一个坚实的基础，给××数字电视一线业务人员鼓足精神与勇气。

第二阶段：产品推广阶段

11月16日~12月中旬，在全国10~15个市场基础较好的城市，举办"××数字电视2024年高技术新品推介会"，在第一阶段已形成注意力的基础上，高举××是家电业"高技术、高质量、高水平服务"领路者的大旗，进一步强化提高××数字电视的品牌形象，用"技术、质量、服务"所形成的品牌形象力推动市场，进一步吸引消费者的眼球，用灵活的销售手段扩大市场占有率。

第三阶段：扩大市场份额阶段

以新闻炒作、公关活动造势贯穿三个阶段，为全年销售奠定重要基础；以媒体广告宣传为各市场提供舆论支持；以促销活动为突击队，形成全方位的立体攻势。这样做的目的是大量吸纳商家的货款，为全年×亿元回款任务的完成做铺垫。制造数字电视首次首家低于2000元价格大关的新闻热点，进行宣传，制造注意力经济，提高品牌的知名度，营造市场攻势。通过宣传造势使销售旺季提前到来，提高销量，延长旺季周期，为完成全年产销数字电视×万套的任务打下基础。

"平民数字电视××制造"

宣传副题一：让科技贴近顾客，让数字走进万家

宣传副题二：1880元，××数字电视搬回家

活动地点：二线城市。

活动时间：10月1日、2日、3日、4日及11月中旬前所有的周六、周日；次站顺延一周。最后所有一级办事处再顺延一周，要求与上同。

第三章

企划部门绩效管理

> 活动内容：新闻发布会；商家座谈会；广告宣传；促销活动；新品展示会。

※ 顺利通过，为企划实施赢得时间

做完了以上工作，接下来就进入审议会向决策者提企划案的阶段了。在审议会上的表现是整个提案过程中的焦点，表现得好坏直接关系到提案是否能被通过，因此企划主管应予以特别重视。提案通过越顺利、时间越短，企划实施的时间就越有保证，对于切实提升企划绩效就越有帮助。

一、推出提案的关键

作为企划人，一定要充分认识到企划被采用与否的关键在于"人"。也就是说，企划案是针对"人"的一项提案，事前准备的最终目标就应该放在有关的"人"上。

在审议会召开前，应首先模拟现场的实际情况进行事前演练。事前演练是继事前模拟之后的又一项重要的准备工作，是提案审议前夕的"彩排"。在演练过程中，应尽可能展现本身的优势，淡化本身的不足，并对关键人物可能提出的问题预设答案。

模拟演练的内容应该与企划书中的内容一致，并且全面地加以演练。提案前必须准备的工具及注意事项如下：

1. 演示磁盘、投影仪或电脑投影仪等设备。采用电脑投影时，能设置动画效果更好。

2．相关资料，如目录、图表等。要想提高提案被采纳的可能性，往往需借助于外力，如各种资料、理论或某名人的名言等。

3．投影仪的内容或磁盘投影文件的内容字数不宜太多，以简洁为好。另外，每张图均应加注标题，不要使用不规范的字，同时用各种颜色搭配，以突出活泼生动的效果。

4．联系场地，安排座次。

5．纪念品。

二、提出企划案要选择适当的时机

企划案虽然已经完成了，但并不代表随时就可以提交审议，这需要看准恰当时机。一次获得认可，才是最理想的做法。

企划人应判断何时将提案送审。即使准备齐全、蓄势待发地送审，但因为审议前一个案件太费时间，结果很可能无法充裕地审核本案而延至下次再审。这样一来，倒不如看准能够专心花时间审核提案的时机再去提案比较明智。

有时候企划人通过公关熟识的审议人员正好有事缺席，也可能因此产生意想不到的麻烦。在没有得力积极支持的审议会中，企划案很可能稍受一点批评或因某些意见不同就不被采用或被搁置保留。事前确认联络的对方是否能够出席，应该说是提案的重要技巧之一。

审议的顺序也同样很重要。如果企划案被排在第一个，可能会被详细审问，企划案不被通过的可能性就很高。这种情形与其排在上午，还不如设法排在下午。

由高级主管或董事长直接裁决时，如果他们正为其他许多事情忙得不可开交时，不管提出多么好的企划案，也只会惹人厌烦。有的企划人在高级主管因为其他事情焦头烂额时，不合时宜地提出企划书，结果十有八九会被无情地否决。

第三章
企划部门绩效管理

相反，有些企划人看准董事长刚到公司心情轻松愉快的时候提案，成功率就较高。也有些企划人会向高级主管的秘书打听他们方便的时间和心情等，再选择适当时机进行提案。

也有些提案特别擅长选择在非要决定不可的截止时限之前，才以"紧急提案"的方式，采取强硬战法过关。这种做法容易因时间紧张而审议匆忙，没有发现存在的问题，给提案的实施埋下隐患，影响企划绩效，故不宜常用。

三、自信的提案讲解更具说服力

企划人在会场上的态度、说明和应对的方式，对于企划案的采用与否是至关重要的。如果是简单的企划案，只要向审议者提出而不必多加说明，就能决定是否采用。但通常的情况都需要对审议进行企划案的说明，经过接受质疑、批判等过程后才会获得认可。

企划人在审议会上的自信的讲解，会更有说服力。所谓有自信，并不表示傲慢或自大，而应该慎重、有礼貌地以能够令人产生好感的态度，显示出自信。有关审议会场上企划人的态度和行动，需要注意的事项有如下几点：

（一）企划人把自信表现在态度和应答上

比如像"这个企划案在这点上不太清楚"或"怎么没把这种想法加进去"等意见和质问，在提出任何企划案时都有可能会遇到。因为任何企划案都不可能考虑到所有想法，也不可能有包括所有处理意见的百分之百完美的企划。

如果企划人面对各种质问或忠告，就紧张得不知所措，甚至忘记了事先准备的台词而无言以对，这对提案的通过就是一个不好的影响。其实，企划人只要充满自信地说："这种想法非常高明，不过本企划案的目的不在这里，不是基于这种条件的企划。您的高见，我们在下次企划时肯定会加以考虑的。"这种胸有成竹的回答，既保留了此次企划的观点，又给了提问者足够的面子。

（二）要以沉着的态度化解反对意见

要避免因不适当的语气或措辞引起对方反感，或发生意气用事的争论。因此，最好事先训练自己养成应答时尽可能不直接使用否定语的说话方式和说服方法。

在提交企划案时，如果能谨慎使用模拟问答、迂回请示、拉拢感情等方法，企划案顺利通过的可能性就会比较大。但实际上在审议时，最麻烦的不是质问，而是否定语。

例如，出现"这笔预算没办法拨出来"或"这与本公司的实力不符""这要太多人力""大概没有时间吧"之类的意见和批判，尤其是触及企划人自己本来也多少有这样担心的情况时，就容易陷入感情用事的局面。

这种否定语，一般会给提案的通过制造很大的障碍，因此企划人必须事先研究准备，对审议者的这种想法该如何说明。

某公司为开办新事业而做企划案时，由于预算太高而发生问题，对这些意见，企划人说："本预算是我们计划由新开办的事业部门以企业内部贷款利率向公司贷款，等事业开始后，可以在三年期间还清本利。本企划案的用意是：只要新事业成功，公司除了资金融通之外，并没有其他负担。"经过这番说明之后，终于说服了对方。

在回答否定意见时，要尽量避免用否定的词语，例如"不，这样不对""没有，绝对没有这回事"这类直接否定的话语，因为这样总难免使质疑变成感情用事。

但是，如果是用肯定的语气，采用迂回批驳，效果就会更好。例如，"是的，这种想法确实很有道理，不过本企划在这方面，因

第三章
企划部门绩效管理

为有这样的理由,所以我想这或许可以不当作重点,因此才予以省略……""你所说的非常有道理,本企划案在立案过程中,也很担心这点,经过分析之后,因为这样的理由,我认为它的可能性极低……"

(三)企划人应依靠理性、经验和灵感来判断事物

至于凭感情用事的争论,例如,"既然这么说,你去做来看看吧""好啊!等着瞧吧"等都是很不明智的做法。

某公司在对一项有关巡回访问零售商店的促销企划进行评审时,审议者提出异议:"用三个月的时间访问全国1200家零售商店,工作量太大了,不可能做到!"企划人对这个问题做了巧妙的回答:"这项企划在开始制定时就考虑到了工作的艰巨性,但是我们认为,对零售商店的促销工作是决定公司业绩的关键。因此,请总经理、常务董事等人在这段时间内对零售商店进行访问也是必要的。总经理和常务董事总计40人,实际上只需50个工作日就可以访问1200家商店。所以,根据计划,只需每人每天平均访问一两家商店即可。访问的路程、所需的时间以及距离等都考虑在内,实际上只需三个月。"

这些理由充足的讲解使得审议者改变了原来的否定态度,最后企划案获得了通过。

另外,在说明企划时多少需要一些为了方便通过的"小谎言"。例如,只要有信心,不妨在说明和资料的表现上进行加工,"故弄玄虚"或稍微夸张是无伤大雅的,例如,"竞争企业可能会抢先一步"等表述。但应该避免违背客观事实和诚信的谎话。

某公司在审议一项招待150名客户到国外观光旅游的促销企划案时,一位审议委员首先发难说:"既然有这么多钱,就应该有更好的方式,不一定非到国外旅游。对于其他的方式,不知你考虑了没有?"

企划人马上提出五项与这项企划的总预算相当的企划构想,并说

明:"各位所认为的更好方式,我想大概指的就是这些。如果把这些方案的优缺点加以对比分析的话,就会如下表所示。因此综合考虑,我们还是选择到国外去观光。"这种有备而来的全面回答,可以将一些难度大的甚至是刁难的问题一一化解。

四、说服审议者

很巧妙的说明,也可能没有说服力。相反的,非常朴实而不顺畅的说明,却可能有令人感到强大的说服力。企划人需要的不是雄辩饶舌,而需要训练具有说服力的说明和应答。要想说服对方,与其单从理论构成来说明,不如用自己的想法和自信更容易引起对方共鸣,把对方卷进自己想法的步调中。因此如果说服力强,可以不必拘泥于说明企划细节,便能获得同意。

提交企划案前应充分了解审议者的理论水平和容易接受的表达方式。在审议会上尽量用生动、形象的表现方法来表达企划的中心、结构和重点,避免陷入如统计学、数学等基础理论的讲解中去。为此,要事先测定审议者的理解水平,并由此来选定包括模型、简单的图形、图表、幻灯片等在内的比较直观的表达方式。这样做,可以使审议者更容易理解企划的主题、实施步骤、预期效果等,提高提案通过的可能性。

某公司企划部做了一个新产品营销企划。他们在说明企划书之前,就准备了出人意料的手制模型,并在现场放映彩色的立体图幻灯片,然后再进行细节说明。这样一来,更好地展现了企划书里的图形、画面和文字,便非常容易被接受。

有时候也可以采取先显示竞争产品、类似产品的照片或实物,再做新产品说明的方法。这种说明方式,符合审议者的知识水平,使之更易了解企划的意图,把握企划的主题。有时,这种生动得体的说明就可打动审议者，使提案获得通过。

五、阻击反对意见的巧妙办法

还有一个更巧妙的办法可以阻击反对意见，我们把这种方法称为"化敌为友法"。这种方法是在企划过程中，将审议者也纳入企划工作小组，让他们以某种方式参与计划的制订，并把他们的意见或建议运用于企划之中，这样他们就成为企划人的"同盟军"了。

某企划人在拟定一个企划案时，曾很有礼貌地多次拜访审议者，把有关企划的想法和创意告诉他们，并征求他们的意见，而且在立案过程中产生新想法或碰到新问题时，也随时通过电话与审议者进行沟通，并请求他们给予建议。

在制定企划案时，这位企划人就努力把这些审议者的意见纳入企划案中，虽然有的只是一小部分。比如，引用他们的话来说明某个问题等。企划完成后，这位企划人马上拿着企划书去拜访他们，向他们致谢说："您的建议我们已经在企划里充分地予以考虑，这项企划的完成与您的帮助是分不开的。"这样，审议者自然就成为企划人的伙伴了。

另外一位企划人则采用了一种更为巧妙的方式。他首先拟定好一个企划案，内容都是一些对方讨厌或可能反对的构想，然后拿着这份企划案去拜访审议者。开始，这位企划人采用非常强硬的态度固执己见，与对方争执不下。

当然，这是一种计谋，当看到争辩得差不多的时候，这位企划人就把对方的建议统统纳入自己的企划案中，并承诺重新考虑修正后再度拜访。过了几天，他带来了融入对方主张或建议的新企划案。这样一来，审议者一般不会再提反对意见，因为提案里也包含了他个人的意见。

绩效
管理工具

※ 企划实施的绩效化管理

企划的最终目的是取得一定的实际效果。因此，如果企划仅停留在企划书的阶段，那么它不过是供人观赏的摆设而已，不具有任何实际意义。日本企划学专家江川次郎认为，杰出的企划=杰出的创意+实现的可能性+最大的期待效果。可见，企划只有杰出的创意是远远不够的，在企划案通过之后，就进入了企划的实施阶段，企划的效用最终表现在它的实施上。所以，对企划实施的绩效管理是企划人工作的重中之重。

在实施中，如果企划人本人就是企划案的实行者的话，那他自己对企划内容已充分了解。一般在一个大企业里，企划人本身就是企划实行者。虽然有时候企划人也可能和其他部门的人员合作，共同来推进这项企划。然而一般来说，尤其是比较大的企划案，通常是企划的制作与实施分属于不同的人来完成。

对于后一种情况，实施人员充分理解企划的真正意图至关重要，否则企划的实施就会误入歧途。有一家大企业，拟定了一份企划案，请求100家左右的承包厂商协助推动"秋季降低成本运动"。这个企划案，是由本公司企划部所拟定的，经过审议会通过并颁布实施。企划人的企划本意，是想借本企划的推进，取得以下成果：

让承包工厂的经营者养成强烈的成本意识；

让工厂尤其是负责对外发包的部门重新认识成本观念；

希望以本企划活动为契机，形成风气，达到所有外包作业持续降低成本的目的。

然而在实施中，实施人员却扭曲了这一企划案的基本意图，出现了对各外包厂商设定降低成本目标的强制配额等不好的现象。为了达到配额目标而威胁承包厂商，实施人员不顾一切地压制他们，以实施外包

第三章
企划部门绩效管理

降价。

这些做法虽然在短期内降低了成本，然而却增加了外包商的不信赖感。到最后，产生了交货延期、质量低下、拒绝进货等完全出乎预料的后果。

这是因为那些负责执行的经理，把这一企划案单纯地认定为"降低进货成本"，结果导致采取实施强硬配额的做法。

交谈是企划人向实施人员传达企划意图和内容的重要方式。只是把企划书交给对方，就以为已经传达了本意的做法是不负责任的。

某企业针对30家地区代理商制定了一份营销企划。企划人对这些代理商各拜访了两次，又召集所有的商店老板和推销员举行了两次企划说明会，以求得代理商的协助。然而直到截止日期，还有接近半数的代理商没有将销售结果的报告送来。

企划人只好去催，没想到大多都回答说："我们以为是由你们来计算结果的。"弄得企划人啼笑皆非。原来，企划人在原报告会上没有说清楚报告书由谁来写，于是这点疏漏导致出现了这样的结局。当然，如果企划人及早了解到这种情况，也可以用电话再次说明的方法予以弥补。遗憾的是，直到最后，企划人也没有发现这种沟通上的纰漏。

有一家批发商，也曾因为在一次企划实施中与合作商的沟通不够，不仅企划实施未实现预计的绩效，而且产生了误解，影响了彼此的合作关系。这家批发商曾拟定了一份以零售店为对象、由厂商赞助协办的"产品活动会"企划案，并向零售店说明。然而因为说明书中有"厂商及本公司为了成功开展本次产品活动会，特请贵零售店大力支持……"等字句，因此零售店都期待厂商和批发商派人来做店头的宣传试卖、支援模特儿、派遣店员来。然而，这些字句的真正意思是指他们会准备布置用的装饰品、贴纸等，并送样品来，却完全没有打算派遣店员过来。

因此在活动期间，零售店纷纷提出疑问和抱怨。这次活动虽然辛辛苦苦拟出企划案来，却因为缺乏良好的沟通而没有达到预期的效果，最终只好草草收场。由此可见，有效的沟通可以准确传达企划的根本意图，有利于企划的顺利实施，保证企划实施的整体绩效。

※ 把握企划实施的动态性和风险性

不论企划是如何详细周全，由于企划实施本身具有动态性和风险性，所以很多意料不到的问题总会一一涌现出来，甚至还会危及企划本身。因此，在整个企划的实施过程中，企划主管必须予以更多的关注，确保实施能够围绕企划的主题，而不是偏离这个主题。把握企划实施的动态性和风险性是维持和提升企划绩效的重要保证。

一、企划实施的动态性

在企划的实施过程中，经常会遇到一些对企划产生巨大影响、变化非常迅速的突发事件，如流行口味的变化、某种资源的短缺、政治事件的发生等，致使企划难以正常开展。突发事件在出现之前，人们对其特性和影响程度常常只有模糊的认识，对其能否出现、何时发生往往不能明确地判断，这就增添了企划的动态性。突发事件一旦发生，如果企划主管一时无法应对形势的突然变化，在企划所将面临的形势和现状之间出现断层，就很有可能使企划失败。这就要求企划主管能充分认识到企划实施的动态性，组织企划人对各种可能的突发事件进行分析，设法增加企划的灵活性，使之对突发事件有足够的应变力。并且，在企划的实施中，企划人应根据事情的发展和现实的

第三章
企划部门绩效管理

需要，随时修订企划案，有时甚至要推翻重来。能否对企划的动态变化有灵敏的、恰当的反应是企划主管对企划人进行绩效考评的重要方面。

企划的实施有动态性的特点，这使得企划更适合企业发展的实际情况。

案例　汤姆逊公司的动态企划

> 莫斯科的冬天寒冷异常，去莫斯科旅游仿佛是不可思议的事情。然而，汤姆逊公司采取了送一个新闻团体去莫斯科欢度周末的办法，从而获得了大量的对公司做出报道的机会。人们心头的坚冰终于被打破，该公司成功地在隆冬季节发起了在周末花最少的钱去莫斯科度假的活动。
>
> **一、企划实施背景**
>
> 汤姆逊公司由道哥拉斯·古德曼成立。在古德曼的带领下，该公司一直坚持不懈地利用企划手段，将汤姆逊公司发展到了旅游服务行业龙头的位置。
>
> 古德曼认为制定新的度假计划是旅游服务提供工作中的重头戏。对于业务部门来说，这意味着在第一批游客出发之前，即当年计划刚开始执行之时，就需要开始制定下一年的旅游企划案。
>
> 汤姆逊公司在夏季的企划目标十分明确：五种旅游项目在计划发出的当天就力求使人们最大限度地了解其详细计划。五种不同的计划印在500万份手册上。
>
> 为妥善安排旅游活动，公司提前三个月就定下了计划：用150万英镑做广告；在伯明召开三天的销售会；对所有的服

务人员进行培训；在13个城市巡回展出旅游路线；印刷和发行旅游手册；利用6月份进行公共关系工作，等等。

准备工作：为20个参加招待会的记者预订房间；选定招待地点；拟定邀请名单；核对邮寄名单；商定新闻和专题报道的要点；准备广告稿以及为记者招待会准备10种不同的幻灯片；撰写全国性和地方性的新闻稿件；研究新旅游地点的资料；安排用适当的外语发表新闻；委托刻录光盘和举行服务彩排，等等。

一般的，除非发生天灾人祸，8月份是用不着进行宣传的黄金旅行季节，6月份通常被视为"新闻饥荒期"，9月份随着旅游服务公司新计划的推行以及冬季运动会的即将开始，人们对旅游又会产生兴趣。

二、先发制人和第一次动态调整企划案

对于旅游组织者来说，提早售出宣传手册是极其重要的。汤姆逊公司常常会第一个散发旅游宣传手册。大多数度假者都明确知道自己何时要出国旅行。在出售手册的头一周里，就有6万多人赶到汤姆逊公司的票价部来确定自己的价格，但这些人并非旅游者，有很大一部分是其他公司的工作人员。因为当他们组织旅游时，便可以在与旅游服务公司合办的饭店提前降低价格，与汤姆逊公司抢生意。

汤姆逊公司的夏季宣传手册于当年的9月1日发出，第二天五家全国性的报纸、英国广播公司、地方报刊和电台以及旅游报刊、英国广播公司、地方报刊和电台以及旅游报刊等都为汤姆逊公司做了广泛的、令人满意的宣传。到了9月底其他公司也开始发行夏季手册时，一场竞争战便正式打

第三章
企划部门绩效管理

响了。

在同类旅游活动中，汤姆逊公司竞争对手的票价之低廉出人意料。多年来，由旅游服务公司全部代办的旅游一直要收附加费，这虽令人不快，但还是被人们所接受了。这一做法的原因在于英镑汇率持续下跌，海外开支不断增大，所以旅游服务公司被迫向游客收取不超过10%的附加费。然而10月份一家大公司率先提出"不收附加费"，这使汤姆逊公司的售票受到了很大的冲击。汤姆逊公司迅速调整了企划案，在几小时内就提出了针锋相对的措施，从而为自己的公司扩大了影响。

到了11月，各旅游公司觉察到似乎什么地方出了差错：早先订的票并没卖出去，而往年的9、10、11三个月的订票数目是很稳定的，但今年却出现了异常，营业额比上一年下降了30%。过去圣诞节后的几个星期总是订票高峰期，可是这次旅游服务公司却只卖出总票数的一半。

秋季旅游票卖得很慢，这使各旅游服务公司十分不解，度假是不是最终受到了经济萧条的影响？难道今年人人都想待在家里？1月和2月的售票率也会很低吗？

三、第二次动态调整企划案

汤姆逊公司又一次修改了企划案，以适应当时的订票情况。旅行代办处因现金流通不畅，请求公司指示如何处理。汤姆逊公司对此采取了刺激市场的方法，以便鼓励人们订票并重新获得制定价格的主动权。

由于要连续印刷400多万份手册，承接此项工作的意大利印刷公司只能分阶段进行工作。200万份手册在9月底已经做好发出准备，到11月底就全部被代理商散发完毕了。另外200万份则是为12月和1月的高峰订票期准备的。

公司在调整后的企划案中指出，在必要时重新印刷和散发手册，并降低价格。这使得公司的票价更具竞争力，而其他公司则来不及效仿。重新散发手册的第二个优势是大大促进了旅游生意的增加，这一点在初夏时是可以预计的。

在重新印制的320页的彩色手册中提出了这样的条件：只要度假者不少于50万人次，就降价10~15英镑。在手册中，几乎每页都印有新的价格表，封面则重新印上"不收附加费"的字样以及降价的通知。这些手册在印刷后被运到伦敦的一间秘密仓库中，只有公司中的核心职员了解手册内容。

旅游业的竞争是十分激烈的，任何新的行动计划都必须绝对保密。因为即使对新闻界透露半点关于汤姆逊公司正在计划做什么的消息，也会引起其他公司的警觉，并给他们采取针锋相对的行动提供了时间。

四、媒体的积极介入

为了人们充分了解公司的新票价，汤姆逊公司充分利用了媒体的作用，进行了积极的公关活动。从按新价格售票的12月6日那天起，就开展最大范围的新闻报道。

汤姆逊公司在一家饭店秘密包订了一套房间，以便即将召开的记者招待会使用。新闻界的主要记者在上一个星期五就接到了参加香槟酒早餐的邀请，旅游报刊的编辑们也受到了同样的礼遇。由于饭店和公司的共同合作，会议出席率达到百分之百。

第三章
企划部门绩效管理

当天的电视、广播、晚报对这次活动的宣传是十分重要的。为了保证第二天国家性的和地方性的报纸能刊登这条新闻，汤姆逊公司制定了一份详细的关于送材料、打电话及报道的时间安排表，并加以细致的实施，以保证产生最大的影响。

企划人的辛勤工作收到了回报。汤姆逊公司获得了比以往任何时候都要多的报道。全国各大报纸都刊登了他们重新售票的消息，有的还以头版刊出，报道的质量也很高，其中9家报纸提到汤姆逊公司的名字多达72次。几家地方报纸也做了头版头条的报道。报刊和电台的报道持续了一周。《金融时报》刊登了一篇富有理论深度的文章，《星期日泰晤士报》则用了一整版的篇幅报道了汤姆逊公司以新价格重新售票的消息。

当全国范围度假计划在电台、电视台传开之后，竞争者的反应十分强烈。他们宣称汤姆逊公司第一次在价格制定上犯了错误，是搞了一场"痛苦的运动"。但结果却使宣传更加广泛，大大提高了汤姆逊公司的知名度。这时候，汤姆逊公司的竞争对手已经没有时间印刷宣传手册了，这让汤姆逊公司的竞争压力减少了很多。

通过这次新闻宣传，汤姆逊公司的知名度得到了很大的提高，这些报刊甚至免掉了做广告的费用。以新价格重新售票的一周结束时，汤姆逊公司曾经进行了一次调查。结果表明：人们对汤姆逊公司的印象最深，强烈倾向于购买该公司出售的度假票。

旅游报刊利用大量的篇幅进行报道，旅游代办处也欢迎和赞扬汤姆逊公司的重新售票的做法。而其他几家大旅游公司对此也做出了反应,在圣诞节前夕降低了票价。

在汤姆逊公司的冬季售票的时间里,媒体的报道从未中断过,这对售票带来的影响是可想而知的了。许多以旅游为题材的作家赞扬了汤姆逊的这次企划,并鼓励他们的读者提早订票以便享受早期降价的优势。很有名望的贸易杂志《旅行家》在一月号上刊登一篇文章说:"汤姆逊公司不失时机地选择售票时间,使得它的竞争对手没有机会在圣诞节前做出反应。"文章接着说:"不管实际情况怎样,汤姆逊的策略——最大限度地利用公共关系优势——在恰当的时候引起了一些轰动。"调查和分析表明,自从9月份开始实行新票价到圣诞节期间,汤姆逊公司获得了4个全国性电视台、13个全国性广播台的采访或报道,45家全国性报刊做了报道,66个地区电台进行了采访或报道,350条新闻刊登在地方报纸上,旅游报刊和外国报刊也做了广泛的介绍。从广告的成本费用来看,汤姆逊公司所获得的新闻报道的价值达到1.5亿英镑,并在1月份的订票数目上创下了纪录。

二、企划实施的风险性

企划在实施过程中可能遇到各种风险。风险可分为两大类,即组织风险和环境风险。其中组织风险是企划人经过努力可以避免的,因此这一步主要是拟定予以避免的对策;至于环境风险,则是企划人自身所无法控制的,但对此类风险也要制定相应的措施,使风险万一发生时将其减至最低程度。

第三章
企划部门绩效管理

风险的发生对企划的绩效有或多或少的负面影响。重大的风险事件，可能会导致整个企划的失败，这就要求企划人不仅在实施前对各种可能遇到的风险进行预测和分析，提出防范的手段和措施，更要具备在实施中处理风险事件的能力，排除酿成风险的可能，减少企划实施中的不安定因素，消除或减少由风险带来的不良影响。

企划实施中存在的风险性使得企划主管必须想方设法予以规避，以确保企划绩效。

案例　三阳公司的营销企划方案

> 有几家技术规模水平相差不大的厂家，他们在市场上的竞争非常激烈。其中有一家三阳公司，准备在市场上推出一部125CC的重型摩托车——"猛虎"摩托车。为了使这一新产品打开市场，三阳工业公司精心制订了一个出奇制胜的营销企划方案。
>
> 第一天，两家主要的日报上刊登出一则奇特的广告，广告没有注明厂牌，中间保留一块空白，空白的上端画有摩托车插图，图下有几行字："今天不要买摩托车，请您稍候6天。买摩托车您必须慎重考虑，有一部意想不到的好车就要来了。"
>
> 第二天，在报纸的同一版这则广告又出现了，只是内容换了1个字："请您稍候5天。"这天，每一家摩托车商店的营业额都锐减。
>
> 第三天，还是这则广告，内容上只换了一个字："请您稍候4天。"这天的广告，连三阳自己的经销店都感觉销量减少了，销售压力增大了。

绩效
管理工具

> 　　第四天，内容取消了"今天不要买摩托车"一句，改为"请再稍候3天。要买摩托车，您必须考虑外形、耗油量、马力、耐用度等。有一部与众不同的好车就要来了。"这天的广告，又使三阳业务员们大声叫苦，因为这几天的广告已经使他们的业务受到了冲击。这几天的广告，开始影响到他们的推销数量了。
>
> 　　第五天的广告，内容稍改为："让您久候的这部无论外形、冲力、耐用度、省油等都能令您满意的'猛虎'——125CC摩托车就要来了，烦您再稍候2天。"
>
> 　　第六天的广告，内容又稍改为："对不起，让您久候的三阳'猛虎'——125CC摩托车，明天就要来了。"
>
> 　　第七天，"猛虎"摩托车正式上市，刊登全页大幅广告，立刻引起巨大的轰动。三阳工业公司送往各地的第一批几百部摩托车，当天即销售一空，以后接连不断地畅销。"猛虎"摩托车成了市场的热门货，并带动了该厂出品的其他型号摩托车的销售。
>
> 　　如此来实现预定的销售目标，使三阳工业公司其他品牌的销售受到了不良影响，这就使企划的实施带有风险性。由于企划人进行了周密的调查，发现市场每天有200部摩托车的成交量，让消费者停止购买6天，至少可积存700辆，争取到不少市场份额，自然就形成了畅销的高潮。

　　这次企划的奥秘在于从时间上进行充分的酝酿，使消费者好奇与期待的心理日益增长，到达一个顶点时终于让产品露面，形成一个抢购的高潮，制造了极其成功的轰动效应。所以虽然有一定的风险，但最终还是有惊无险，成功地实施了一次高绩效的企划。

第三章
企划部门绩效管理

※ 企划实施过程中的策略运用

为了提高企划绩效，在企划的实施中应该建立一种有效的适应变化的机制，运用一定的策略，与各部门负责人协助企划案的推行。

一、依势而动

中国古代著名的军事家孙子曾说过："任势者，其战人也，如转木石。木石之性，安则静，危则动，方则止，圆则行。故善战人之势，如转磐石于千仞之山者，势也。"这就是说，善于"任势"的指挥员，在率部队同敌人作战时，要想办法激发自己队伍高昂的士气，使之蕴含一种一触即发的巨大冲力，这种战斗力就像转动磐石于千仞之高的山上往下滚落一样，锐不可当。

实际上，一切事物都有势，企划实施也有势。企划实施的势小势大，就像平地上推石头和高山上推石头一样，前者用倍力而收微功，后者用微力可收倍功。因此，企划实施一定要追求更高的势、更强的势、更优的势，这是实现企划高绩效的一大秘诀。

运用势需要经历四个步骤。第一个步骤是寻求（建立）优势。寻求优势是发挥优势的前提，没有优势就根本谈不上发挥优势；第二个步骤是发挥优势。这是寻求优势的目的，也是其逻辑的和历史的推进；第三个步骤是保持和强化优势。这是第一个和第二个步骤的补充和必然要求，保持和强化优势就等于再次寻求和建立了优势，为发挥优势提供了新的可能；第四个步骤是再寻求新的优势。经历了这些步骤，企划便能巩固已有的优势，并进一步发挥它。在这几个步骤中，"寻求优势"至关重要，若能一开始便站在一个较高的"势"位上，可为取得更好的成绩奠定坚实的基础。

绩效 管理工具

　　淘宝商城（天猫）于2009年11月11日举办了"双十一"购物狂欢节促销活动，当时参与的商家数量和促销力度有限，但营业额远超预想的效果，于是每年11月11日成为天猫举办大规模促销活动的固定日期。近年来"双十一"已成为中国电子商务行业的年度盛事，并且逐渐影响我国电子商务行业。这其中也涉及一系列的经济原因，以下从经济学角度，而非营销学角度对"双十一"现象进行分析。

　　11月并没有什么隆重的节日，只有被网友戏称为"光棍节"的11月11号。"光棍节"在不知不觉中成为中国的购物节，马云对"双十一"的定位是："中国需要消费者日，3·15是消费者维权日，阿里巴巴人希望'11·11'成为真正的消费者日，商家感恩回馈消费者。"

　　最初策划"双十一"这个节日时的想法很简单，就是想做一个网上购物节。当时淘宝系电商是中国最大的电子商务平台，尚且没有真正有影响力的其他电子商务平台出现。但是3年之后，"双十一"不但让淘系电商产生了震撼零售业的单日191亿的销售额，更是变成了整个零售业的节日。

　　阿里巴巴造节"双十一"，为何能够成功？而其他很多相似的举动，包括其他一些电商公司的造节努力，为何就没有产生效果呢？

　　首先是日期选的好，让人印象深刻。阿里巴巴习惯于不按常理出牌。选择一个被网友称为"光棍节"的日子造节。重要的不是光棍节，而是"11·11"好记，且深入人心。

　　其次是天猫和淘宝的"双十一"，还真不是一般商家的

第三章
企划部门绩效管理

节日促销。天猫和淘宝都是电子商务平台，平台上真正卖货的都是各个商家。自营电商打折，是压低自己的利润，再把这种利润挤压通过供应链传递给供货商。而平台做促销，商家自己定价，一是可以量力而行，二是大规模的销售最终获利的也是入驻商家。

因此，商家有动力主动参与造节。这种主动性当然也会传递到线下。天猫的入驻商家，有相当一部分也都在线下拥有渠道。线下商家配合线上渠道在"双十一"做促销；其他零售商乃至电商也参与到越来越流行的"双十一"中，因为这是双赢，每一方都可以从中获利。

最后还是借势。无论阿里巴巴的市场与公关团队在造节的过程中付出了多少努力，从2009年的5200万到2013年的超过350亿，其背后都是更多的用户通过互联网与移动互联网在完成消费行为的趋势。用户在向线上迁移，大势如此。

2013年的"光棍节"，阿里巴巴邀请了许多企业家和媒体人见证当天的盛况。当电子屏上的销售额超过300亿元时，偌大的西溪园区灯光全部亮起，园区内一片欢呼。

"双十一"就是打着"光棍节"名号的购物节，天猫和淘宝意在把促销活动与一个网络节日绑定在一起，让人们想到"双十一"和"光棍节"就能联想到促销活动。

2009年，淘宝率先发起了"双十一"购物狂欢节，而2009年"双十一"当天淘宝网的销售额达到1亿元。根据2016年天猫"双十一"交易数据显示，在2016年11月11日0

> 时6分28秒，交易量已经达到100亿，截至2016年11日24时，天猫"双十一"全天总交易额达到1207亿元，创造了新的世界纪录，其中无线交易额占比81.87%，覆盖了全球235个国家和地区。

二、抓住时机

时机具有不可逆性、不确定性的特点，即"机不可失，时不再来"。20世纪70年代日本在短短的40多年时间里，从一个资源贫乏的战败国，一跃而成为世界第二经济强国，一条重要经验就是"敢于同时间赛跑"。企划人无不把时机的争夺视为企划实施的重要环节。抓住了时机，企划就会产生事半功倍的效果；失去了时机，企划就可能事倍功半，甚至一败涂地。

抓住时机的第一步：知，即充分地掌握和了解多方信息，仔细地判断和评估这些信息所表明的企划空间的运动轨迹。一旦发现企划空间的势态发展对自己有利，便蓄势准备，待势态运动到最佳时刻，便迅速实施企划。杰出的企划，在于预先洞察到实施的时机。

抓住时机的第二步：算，即计量和分析可能影响企划活动的各种内部因素及环境因素，也就是进行企划环境分析。

抓住时机的第三步：胜，即不打无把握之战。孙子说："胜兵先胜而求战。"意思是讲，作战要在有把握的基础上求战。自然这一"把握"同样也有风险，但是只要在事先能充分地估计到风险，并根据风险做出应变之策，"把握"就大了。

第三章
企划部门绩效管理

> 唱歌是人的一种本能，无论唱得是否好听，人们都会唱歌，都需要通过唱歌放松心情或抒发感情。随着生活压力的增加，唱歌越来越成为人们生活必不可少的一部分，每逢假期，和亲朋好友一起去KTV吼几嗓子成为人们娱乐休闲的重要项目，既放松心情又增进感情。
>
> "唱吧"是一款通过声音的科技帮助音乐爱好者们创造出完美音乐作品的APP。上线后一度火热，用户过亿，也成为移动K歌市场的大头。
>
> 用户需求定位准确、产品设计出色，保证了"唱吧"能够快速走红，然而像"手机KTV"这种小应用制作起来其实非常简单，很容易被模仿和替代，所以很多人断定"唱吧"的火爆只是一个暂时的"现象"。
>
> 对此，"唱吧"解释说，这不单纯是一款唱歌小应用，而是一款同时具备工具属性和社交属性的软件，其工具属性方面在于让用户唱歌并美化得到良好的效果，社交属性让用户以歌会友互相交流。
>
> "唱吧"从顾客需求出发，最大限度地满足顾客需求，是产品成功的根本。"唱吧"的成功，必然建立在满足用户需求的基础之上。并且值得一提的是，"唱吧"的设计团队成功地找到了一个长期以来一直被移动设备软件开发者所忽视的用户的内在需求——唱歌。

三、"术"的应用

孙子说："出其不意，攻其不备，乃取胜之道。"所以，"术"就是

绩效
管理工具

出人意料的手段和形式。带兵的将领不懂的"术"的应用，就很难取得胜利。可见，在战场上，只有运用奇特的手段和方式，以出人意料、变化莫测的奇"术"才能取胜。

企划的实施需用谋，用谋必求制胜，制胜必用奇招。奇招就是突破常用的方法，打破思维定式，以高度的理解能力和洞察力，敏锐地从习惯思维中捕捉"空白点"。只有这样，才能智高一筹，制敌而不受制于敌。当然，出奇制胜并非胡思乱想，更非侥幸之功，而是从可能点出发，通过巧妙的构思和超常的手法，在危险中求生存，在绝境中求成功。对"术"的恰当运用，可以打破不利局面，开拓新的市场，提升企划的效果。

> 1985年，百事可乐探听到可口可乐准备在其诞辰99周年之际推出一种新配方，这种新配方很可能极大地打击百事可乐的市场。针对这个不利的消息，百事可乐实施了一系列的广告企划，这其中不乏"术"的应用。
>
> 首先，百事可乐以其总裁的名义在报纸上公开一封信：
>
> 致百事可乐公司所有工厂主和雇员：
>
> 我非常荣幸地向各位致以衷心的祝贺。在过去的时间里，我们和可口可乐公司一直互相对峙。它是我们最大的竞争对手。
>
> 可口可乐公司正在从市场上撤回其产品，并改变了可口可乐配方，使其更"类似百事可乐"。里普利（前可口可乐总裁罗伯特·伍德拉夫的昵称）的离去显得太不幸了，他要是在的话一定不会这么做的。
>
> 这些事实证明，正是因为百事可乐长期以来在市场营销上所取得的成绩，才使对方做出了现在的这种行为。
>
> 众所周知，当一样产品还很优秀的时候，它是没有必要

第三章
企划部门绩效管理

变革的。也许他们终于认识到这一点：百事可乐比可口可乐好喝，而我们中的大多数人早就洞察到了这一点。

当然，处于困境中的人往往孤注一掷……我们必须注视他们的举动。

致以最美好的祝愿！

美国百事可乐公司总裁兼主管
罗杰·恩里科

企划人觉得以上的表述制造的效果还小了些，少一个高潮，于是又在信的末尾加上了一段：

事至如此，我可以说胜利是醉人的，我们终于可以庆贺了。我们向大家宣告，星期五全公司放假一天。

让我们纵情庆贺吧！

接着，在可口可乐新闻招待会的前一天晚上，百事可乐的总裁恩里科出现在哥伦比亚公司的电视访谈节目上。

记者问道："您能否确切地告诉我，您是如何看待可口可乐的新动作的？"

恩里科不乏深意地回答说："百事可乐和可口可乐已经竞争了87年，这不是一个很短的时间。而如今在我看来，就像另外有人在虎视眈眈！"言下之意，百事可乐已经不再把可口可乐当对手了。

可口可乐在新闻发布会上果断发布了更换产品配方的新闻。然而在发布会所在地旁边的马戏场上，百事可乐策划的一个公关企划活动也在进行——一个小型百事可乐机器人进行操作演示，并免费为观看者提供百事可乐。刚从可口可乐新闻发布会上出来的记者对此很感新鲜，他们在这一针锋相

> 对的企划活动中听到的是"可口可乐终于认输了""可口可乐将风光不再"。

可口可乐的新产品推出后，大大降低了许多消费者对老牌产品的忠诚度，也伤害了他们对可口可乐的感情。可口可乐公司每天收到无数封抗议信件和多达1500次以上的抗议电话，有的甚至为此举行了抗议大示威。百事可乐的这一系列的广告运作，无不体现了对"术"的精妙运用，并且收效巨大。其市场份额已经逼近可口可乐，销售收入增长迅速，与可口可乐之间的差距也越来越小。

四、企划实施的中间绩效考核

除了短期可以实施完毕的企划案外，一般情况下，企划人对企划案的实施情况都应该做中间考核，并对结果进行评价。这直接关系到企划案能否获得良好的最终成果。

中间绩效考核与评价方法，因企划内容的不同而不同，下面我们以一个营销企划案例来说明中间绩效考核的方法：

某企业选择了一些特定的地区，准备实施一项新产品试销的企划案。这种新产品是在旧产品的基础上运用新原理而制成的改良品，无论在外观、价格和性能上都与旧产品有很大的区别。

在A地区，企业打算在60家零售商店把新产品和旧产品并排陈列出来，并以鲜明的标识语强调新产品，以显示新旧产品的差异性。试销时间预定为一个月。B地区的做法与A地区不同，B地区将同等规模的45家零售商店的旧产品收起来，在店里只摆设新产品，标识语则着重强调新产品的性能，试销时间同样是一个月，主要依靠店员来诱导顾客。

第三章

企划部门绩效管理

这项营销企划的主要目的是希望通过A地区的试销来获得新产品和旧产品的比较资料，而通过B地区的试销观察新产品对顾客的吸引力和店员诱导的效果。

这次营销活动由企业的企划人负责制定企划案，由A、B两地区的营销人员负责实施。企划部门与地区分公司充分协商讨论后，决定实施工作可以由现场人员全权负责。

但在讨论过程中，有人提出另外一家企业做过类似的新产品试销企划，但在选定地区实施时并没有按照企划人的意图进行，而是各地区的销售人员通过自己的亲友和自己的老客户大量购买试销产品。结果由于这种事先约好的购买行为，使得销售业绩非常理想。造成这种结果的直接原因在于地区销售人员不了解试销的真正意图，以为试销产品卖得好坏会影响自己的业绩，因此非常热心地推动这种私下约定的购买行为。这种行为违背了企划的主题，得到的销售数据也缺乏参考价值，这样的企划实施是失败的。

企划主管在听了这个案例之后，为了避免重蹈该企业的覆辙，决定在实施阶段加强绩效考核。在企划实施的一个月中，企划人经常与A、B两地区沟通，与销售人员、负责人交流情况，解决正发生的问题，纠正不正确的销售行为，总结阶段实施状况。

通过这种有效的中间绩效考核，防止了"约定性购买行为"或其他违背企划主题的行为的发生，获得了正确客观的试销结果，提高了企划的绩效。如果缺乏这种严格的中间考核措施，就很难保证企划结果的真实性，也影响了企划的绩效。

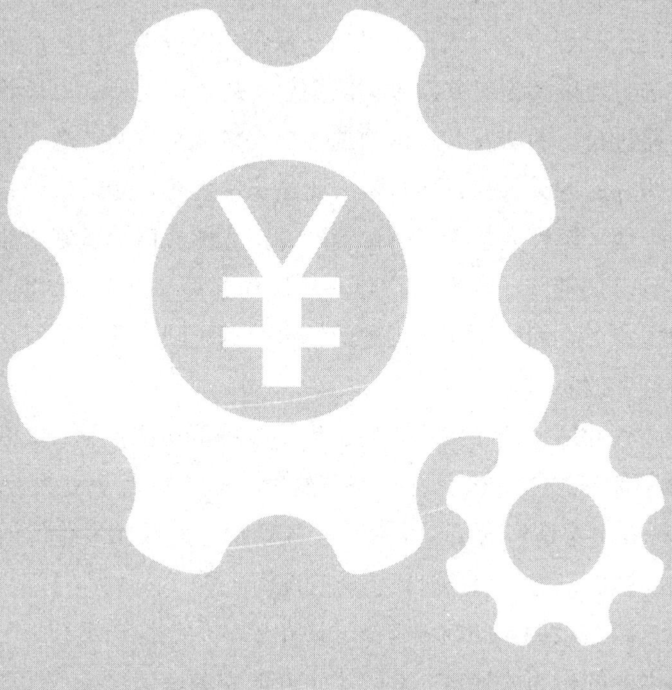

第四章
生产人员绩效管理

绩效
管理工具

※ 生产率概述

生产率是通过生产和对知识的应用，制造可利用的，能够满足用户需求的，与社会、环境以及社会的经济目标相一致的产品和服务，并因此而创造财富。认识到人类思维是生产率的源泉，努力创建一种思维形式并不断地寻求进步和对变革做出有效反应是至关重要的。它要求一种管理推动力来给环境注入活力，激励人们并为环境的不断变化做好准备。它的目的是在最广泛的意义上提高生活质量，加速经济与社会发展，并且创造物质与精神财富。

蒙格给生产率下的定义很符合时代变化的要求，它是从一个宏观的角度，即从更多地考虑社会与经济的层面来下定义的。但是生产率的具体实现还必须依靠个体，特别是每一个生产人员，所以我们需要重点考察单个生产人员的劳动生产率以及如何提高的问题。

生产率这一概念，不仅强调效果，更注重效率。效果指预定目标的完成，效率则指各种资源或投入恰当结合的程度。例如，两个员工每天都能完成200单位的产出，但是其中一个人可能只用6个小时，而另一个人却要花费8个小时。两个人的效果相同，但显然第二个员工的工作是缺乏效率的。缺乏效率的原因可能是自身的，也可能是外在的。也许他没有掌握工作的正确方法，也许设备和工具不合格，也许该员工缺乏工作知识等。相反，用6个小时完成工作的员工，由于对工作进行了计划和组织，因此他的时间和精力得到了更好的利用，效率自然也就更高。

一、劳动生产率的计量标准

那么，如何衡量劳动生产率是否提高了呢？

第四章

生产人员绩效管理

劳动生产率的计量可以采取两个标准，一是实物标准，二是净产值标准。实物标准指的是生产人员的实物产出总量，即生产量；净产值标准则是指生产人员在生产过程中创造的新价值，即附加价值。

案例　落封木制品公司的劳动生产率

> 落封木制品公司现有员工40人，年销售净收入520万美元，净产值182万美元，经营资金平均占用208万美元，总资本（总资金）平均占用260万美元。
>
> 上述指标说明净产值占净销售额的35%，员工平均经营资金52000美元，经营资金年周转率为2.5次。将计算指标与公司历史水平、同行业水平相比，可判断企业生产绩效的优劣。生产主管就可以从上述指标看到企业现状，改善生产经营管理。

从上述案例中可以看出：净产值率反映了净产值占销售额的比率，比率越高，说明企业创造的可供分配的价值越多，企业效益也就越好；资本集约度反映了投入资本量与劳动量的比率，即资本与劳动力的构成，比率越高，企业实力越强，创造净产值越多；经营资金指企业资产总额减去证券及对外投资、非利用资产（基建预付款等）和递延资产后的余额，是投入企业自身经营活动的资本。经营资金周转率是指经营资金的利用效率，表明企业员工运用所控制资产的使用能量，周转越快，利用效果越好，效益也会越高。

生产主管都明白提高企业的劳动生产率对整个企业来讲至关重要，但生产率的提高究竟能够带来什么呢？

二、生产率的提高给企业带来的效益

生产人员的工资和薪金以奖金的形式增加。企业的利润增加，劳资双方的关系也会得以改善。

生产人员之间以及劳资之间会产生合作态度，合作使参与者更加投入和尽力。对稀缺资源的责任得以确定。经济性分析受到重视，同时激励参与者寻求尚未被利用的机会。

费里曼和麦道夫认为，生产率的提高与生产作业的改善是同时进行的。生产率的提高使生产人员的收入增加，从而提高了他们的工作安全感。为了获取激励效果，必须让生产人员尽快得到益处。生产人员的需求与企业利益相一致，也为良好的劳资关系营造了合适的氛围。在提高生产率时，不应把成本的节省作为首要目标和利益，并对其过分看重，因为这会使视野变得狭窄。企业不应把生产率作为首要目标，相反，它们应该寻求新的、能增强生产竞争力的目标。

生产主管对劳动生产率的提高负有责任。瑟洛认为，生产主管常常会引致生产率问题的产生，因为他们没能给生产人员在提高生产率的过程中提供积极参与的机会，并且以长期发展为代价，片面追求生产的短期效益。

明确了生产率的提高对整个企业的巨大贡献之后，生产主管就应该采取各种措施来提高劳动生产率。

三、合理安排生产时间

产品在加工过程中的总作业时间包括：产品的基本工作时间、设计缺陷的工时消耗、工艺流程缺陷的工时消耗、管理不善而产生的无效时间、工人因素引起的无效时间。产品的基本工作时间也称定额时间，是指在产品设计正确、工艺完善的条件下，制造产品或进行作业所用的时

第四章

生产人员绩效管理

间。它对生产主管合理安排生产时间至关重要，由作业时间与放宽时间构成。所谓放宽时间是劳动者在工作过程中，因工作需要、休息需要与生理需要，需要作业时间给予补偿的时间。

放宽时间由以下三部分组成：

一是休息与生理需要时间。劳动过程中正常疲劳与生理需要所消耗的时间，如休息、饮水、上厕所所需的时间。

二是布置工作地时间。指在一个工作班内，生产人员用于照管工作地，使工作地保持正常工作状态和文明生产水平所消耗的时间，例如交接班时间、清扫机床时间等。它以一个工作班内所消耗布置工作地的时间作为计量单位。

三是准备与结束时间。是指在加工一批产品或进行一项作业之前的技术组织准备和事后结束工作所耗用的时间。不同的生产类型，其准备与结束时间不同。准备与结束时间一般可通过工作抽样或工作日写实来确定。

放宽时间对于生产作业来说也是很重要的，通过合理规划作业与放宽时间（宽放率），生产主管可以提高企业的劳动生产率。此外，工时定额也是生产主管常用的一种提高劳动生产率的策略。

工时定额，又称为标准工作时间，是在标准的工作条件下，生产人员完成单位特定工作所需的时间。这里，标准工作条件的含义是指，在合理安排的工作场所和工作环境下，由经过培训的生产人员，按照标准的工作方法，通过正常的努力来完成工作任务。通过制定工时定额即确定标准工作时间，生产主管可以为生产人员确立时间标准，从而降低时间消耗，提高劳动生产率。

工时定额对提高生产率乃至整个企业的绩效都很重要，其作用如下：

第一是确定工作所需人员数和确定部门人员编制的依据。

第二是生产计划和生产控制的重要依据。任何生产计划的编制，都必须将产品产出量转换成所需的资源量，然后同可用的资源量进行比较，以决定计划是否可行，这项工作称为负荷平衡。无论是产出量转换，还是可用资源量的确定，都应当以工时定额为标准，这样的生产计划才具有科学性和可行性。此外，生产进度的控制和生产成果的衡量，都是以生产计划为基础的，从而也是以工时定额为依据的。

第三是成本控制的重要依据。在绝大多数企业中，人工成本在全部成本中都占有较大的比重。要降低人工成本就必须降低工时消耗，而工时定额是确定工时消耗的依据，从而也是制定成本计划和控制成本的依据。

第四是提高劳动生产率的有力手段。劳动生产率的提高，意味着生产单位产品或提供特定服务所需的劳动时间的减少。而要减少和节约劳动时间，则必须设立工时定额，据以衡量实际的劳动时间，找到偏差，采取改进措施。

第五是制定薪酬标准的依据。在实行计件工资的条件下，工时定额（有时换算成小时或每日的工作量或产量）是计算计件工资单价的重要依据；在实行奖金制度的条件下，工时定额是核定标准工作量（或产量）、计算超额工作量（或产量）、考核业绩、计算奖金和进行赏罚的主要依据。

四、弹性工作时间

弹性工作时间安排计划是人力资源主管常用的一种做法，生产主管也可以借用来提高劳动生产率。

弹性工作时间安排计划是一种以核心工作时间（比如上午11点到下午2点）为中心而设计的弹性日工作时间计划。之所以称其为弹性工作时间计划，是因为员工可以自行选择每天开始工作的时间以及结束工作的时间。比如，他们可以选择从上午7点到下午3点之间工作，也可以选择从上午11点到下午7点之间工作。在美国，除了本来就是自己确定工

第四章
生产人员绩效管理

作时间的专业人员、管理人员和自雇佣人员以外,大约有15%以上的员工是按照弹性工作时间计划来自行安排工作的。弹性工作时间安排计划可以用来提高生产人员的劳动生产率,是因为这一计划减少了因生产人员迟到而损失的工作时间,从而使生产人员的实际工作时间在企业为之支付了工资的名义工作时间中所占的比例(这是对生产率进行衡量的一个指标)上升了。此外,它还显示出了降低缺勤率和减少生产人员因办私事而请"病"假的情况发生的作用。生产人员在实际工作时间中的生产率似乎也提高了,磨蹭着干活以便拖到下班时间的现象也减少了。

不过,生产主管使用这一方法时要注意以下两点:一是弹性工作时间安排计划通常更容易在事务性工作、专业技术性工作以及管理性工作中取得成功,而不容易在工厂性质的工作中取得成功(这是因为工厂工作的性质决定了工人们必须进行彼此之间的协作)。这是生产主管使用这一方法需特别注意的关键问题。如果能解决好这一问题,劳动生产率将得到更大幅度的提升;二是弹性工作时间安排计划本身的设计也很重要。企业应当指定一位弹性工作时间安排计划协调人来对计划的各个方面加以监控,并且要经常举行由主管人员和员工参加的碰头会,以减轻他们的不安并消除彼此间的误解。

弹性工作时间安排计划的优点是可以改善生产人员的工作态度和士气;照顾了双员工的需要;减少了交通问题,生产人员可以避开街道和交通堵塞的时间;提高了劳动生产率;减少了迟到;方便了那些希望在工休开始前到达工作现场的人;方便了生产人员在需要看病、约会时做出妥当的安排;减少缺勤;照顾了生产人员在闲暇时间从事各种活动的需要;降低了流动率。

五、标准化作业

标准化作业是指为完成一定的作业目标而由企业制定的作业标准。

它应是高效、省力、安全的作业方法。标准化作业是针对生产人员的不正确、不规范、不科学的作业行为而提出的。目的是通过规范生产人员在作业中的行为，使之标准化、合理化、安全化，从而确保生产安全并提高企业的劳动生产率。

下面提供两种可供生产主管运用的标准化作业方法。其一是采用经济动作原则，其二是运用三角形原理。

（一）关于人体动作的十项经济原则

采用经济动作的最终目的是在各种条件一定的情况下，使工作效率提高，并确实使员工感到工作变得轻松自然。经济动作是一种省力、舒适、高效的作业方式。

1．双手并用。尽量使两手同时作业、同时结束动作；除了规定的休息时间外，双手不应同时空闲。

2．手脚并用。为减少手的工作负荷，可用脚代替控制性的工作。

3．对称反向。双臂的动作应对称，反向并同时动作，而不可同向运动。

4．排除合并。排除不必要的动作，尽量减少动作或使两个以上的动作能合并。

5．降低等级。尽量使用最轻松而又能达成目的的低等级动作。手部的运动等级高低依次为腕部、前腕部、手腕部、手。

6．免限制性。尽量避免使用限制性的动作。弹道式的运动路线比受限制、受控制的运动轻快、流畅。

7．避免突变。尽量避免急剧停止或急剧改变方向的动作；尽量使用圆滑连续曲线或直线进行的动作。

8．节奏轻松。动作安排尽量轻松，并兼有自然节奏。建立轻松自然的动作节奏（或节拍），可使动作流利、自发。

9．利用惯性。尽量利用物体的惯性及重力或自然的动作。如需用

第四章
生产人员绩效管理

体力加以阻止时,应将其减至最低程度。

10. 适当姿势。应使用适当姿势操作,避免造成疲劳及劳动伤害的动作。

经济动作原则是通过对人体动作的研究,创立的一系列能有效地发挥人的能力的动作原则。由于它能使生产人员减轻疲劳、动作迅速而容易、增加有效的工作量,因此,经济动作原则是使动作更经济的原则。经济动作原则最初是由吉尔布雷斯提出的,随后布尔尼斯、麦纳德等人以及德意志作业研究联盟(REFA)等组织进一步追加补充,确立了人体动作、场所布置、工具设备三类共22项原则。在这三类原则中,关于人体动作的经济原则是生产主管较为关注的。

(二)运用三角形原理

在作业的过程中,有作业点、工具、零部件三个位置。这三个位置构成了一个三角形关系。这个三角形越小,作业效率就越高,这就是三角形原理。

三角形原理是一个简单的概念,但在工程设计过程中,却是不可缺少的概念性思维。生产主管在工程设计中要"最大限度地缩小这个三角形",以获得最高的作业效率。

六、学习曲线与经验曲线的运用

随着工人对某一特定生产过程的熟悉或经过一段时间生产过程有了改进,再生产一个单位的产品所用的时间就减少了,学习曲线就是用来描述这种关系的。谈到学习曲线,就不能不谈学习效应。所谓学习效应,是指当一个人或一个组织重复地做某一产品时,生产单位产品所需的时间会随着产品生产数量的增加而逐渐减少,然后趋于稳定,它包括两个阶段:一是学习阶段,单位产品的生产时间随产品数量的

> 绩效
> 管理工具

增加逐渐减少；二是标准阶段，学习效应可忽略不计，生产按标准时间进行。

这条曲线称为学习曲线，它所表示的是单位产品的直接劳动时间和累积产量之间的关系。由图可知，学习曲线可以降低单位产品的劳动时间，从而提高劳动生产率。

学习曲线基于以下三种假设：

每次完成同一性质的任务后，下一次完成该性质的任务或生产单位产品的时间将减少。

单位产品的生产时间将以一种递减的速率下降。

单位产品的生产时间的减少将遵循一个可预测的模式。

学习曲线在航空工业上的应用已证明以上三条假设都是正确的。在航空工业上的应用结果是，随着产量增为原来的2倍，工人每生产一件产品的生产小时数下降20%。因而，如果生产第一架飞机需用100000小时，那么生产第二架飞机需用80000小时，生产第三架飞机需用64000小时，依次类推。因为20%的降低率意味着生产第三架飞机的时间仅为生产第二架飞机的80%，把产量和时间联系起来的坐标系图线就称为"80%学习曲线"（传统上，用百分比学习率来表示任何给定指数的学习曲线）。

学习曲线可通过算术列表、算术对数或其他的一些曲线拟合方法得到，这取决于可利用的数据的形式及可利用的数据的多少。

从学习曲线考虑，生产率的提高有两种方法，即单位产品生产时间学习曲线和单位时间生产量曲线。单位产品生产时间学习曲线给出了每连续生产一件产品所需的生产时间；单位时间生产量曲线给出了产品总数目增加时的累积平均操作时间。单位产品生产时间曲线也称为"进步曲线"或"产品学习曲线"，对于随着产品数量和生产时间而变化的学习曲线杂的产品或生产周期很长的产品较适用。单位时间生产量曲线也称为工业学习曲线，通常适用于大批量且周期较短的生产。

第四章
生产人员绩效管理

无论是何种方法，生产率的提高都与下面两个因素紧密相关，即学习率和初始水平。为了解释得更清楚，我们来看下面的例子。假定为了完成一些简单的任务，测试两个人生产某件产品的时间，这项测试被生产主管用来作为对装配线上生产人员考核的一部分。

到底哪个工人更好呢？工人A开始效率高但学习速度慢，工人B虽然开始效率低，但他的学习速度快，所以他有比工人A更高的生产率。这个例子说明不仅初始效率很重要，学习率本身也很重要。

为了改善劳动生产率，生产主管基于学习曲线的一般指导方针包括：

合理选择工人。应采用某些测试来帮助选择工人。以下这些测试对计划好的工作具有代表性：装配工作测试其灵巧性，脑力工作测试其脑力劳动能力，服务性工作测试其与顾客打交道的能力，等等。

合理的培训。培训越有效，学习率就越高。

激励。除非有报酬，否则基于学习曲线的生产任务很难完成。报酬可以是金钱（个人或团队激励策略），也可以是与金钱无关的东西（如雇用的月份数等）。

工作专业化。一般的规律是，任务越简单，学习得越快。应注意由于长期干同一工作所导致的厌烦感是否会对工作产生干扰。如果确实对工作产生了干扰，那么就应对任务进行重新设计。

一次完成一项或很少的作业。对于每一项工作，一次只完成一项比同时做所有的工作要学习得快。

使用能够辅助或支持操作的工具或设备。

能够提供快速而简单响应帮助的方法。

让工人协助工作的重新设计，把更多的操作因素考虑到学习曲线的范围中，这样实际上能够使曲线向下倾斜的速度更快。

除了学习曲线外，经验曲线也可用来提高劳动生产率。经验曲线是用来衡量工人对某项特定工作越来越熟悉或者该生产过程引进越来越高的生产效率时边际劳动时间的减少。它衡量生产某种产品或产品群的经验的增加对全部成本和价格的影响。经验曲线对正在经历重大变革的行业更具意义，例如微电子工业；对已经历过重大变革的十分成熟的行业，意义则不大，例如汽车制造业。集成电路价格的持续下降就是经验曲线的一个经典例证。

※ 工作分析与岗位设计

在这里，我们需要重点探讨的是生产主管如何通过绩效管理的实施来提高生产人员的劳动生产率，以提高整个企业的绩效。

一、生产主管在绩效管理中应遵循的一些原则

（一）人岗适应

这一原则意味着，应根据个人的差异和能力来挑选合适的人员到特定的岗位，同时，岗位也应该根据现实的生产人员状况来设计。如果生产人员受教育程度高、有头脑、能承担责任，那么设计岗位时，工作面就应该更宽泛。此外，还应该建议生产人员选择能满足自身需要的岗位。这一原则还意味着生产主管在设计任务时应尽量避免过轻或过重。换句话说，就是不要给有些人分配过多的任务，而给有些人分配的任务又太少。而为了避免此种情况，就最好遵循以下六个原则：

（二）准确规范生产人员的职责

如果职责不明确或职责不断变更，生产人员就会感到心烦意乱。结果可能导致质量低下、劳动效率低、员工之间发生冲突，等等。因此，

第四章
生产人员绩效管理

做好生产人员绩效管理的一个原则就是对每个生产人员准确地规范职责。一般可以采取适时更新岗位描述书或目标陈述书的方法。

（三）确定绩效标准

每个岗位都应该有绩效标准。这样可以使生产人员所要完成的工作具体化，同时还可以在确保完成绩效标准的前提下给生产人员下放更多的权力。如果没有绩效标准，生产人员就会对自己的职责不清楚，过分依赖生产主管对自己的工作进行指导。绩效标准应该随着时间的推移，经过员工和管理部门的努力不断得到提高。

（四）确保沟通和员工参与

生产人员需要知道公司的政策，并且感到自己能通过参与决策过程而对公司政策有所影响。许多研究证实，参与式管理（员工参与）是一种有效提高绩效的途径。如果生产主管和生产人员之间能双向交流，绩效也能得到提高。

（五）有效实施绩效评估

生产主管除了要确定生产人员的绩效标准外，还应制定一个有效的绩效评估程序。此外，选择合适的绩效评估方法也是生产主管必须重视的。要想真正做好绩效管理，绩效评估的可靠性是非常重要的。生产人员对绩效评估的认可是提高绩效的前提。

（六）根据绩效奖励生产人员

如果已经建立了绩效标准，就可以根据绩效来奖励生产人员。行为学理论表明这样能促使生产人员为了更多的奖励而更好地工作。既然生产主管的基本职责是提高绩效，那么根据绩效奖励生产人员就可以作为激励生产人员为企业好好工作的基本手段。奖励可以包括各种报偿形式

（如工资、提拔、职位变迁、赞扬，等等）。

（七）对生产人员进行培训

培训经常被当作公司对员工的优惠待遇，需要削减预算时，培训往往是第一个要砍掉的项目。从第一天就应该开始培训以保证生产人员在上岗前能胜任该项工作，这好像是一个显而易见的道理。但工作中往往需要反复试验、不断实践才能学到正确的方法，所以，应当对生产人员进行不断的培训和教育，使生产人员不断进步、不断提高职业素质。尤其是在今天这样一个知识不断更新的时代，更应该注重对生产人员的培训。

依据以上原则，同时结合人力资源主管绩效管理的一些方法与程序，生产主管对生产人员进行绩效管理可从以下四方面着手：工作分析与岗位设计、沟通与员工参与、生产人员绩效评估、生产人员的激励与培训。同时这也是生产主管绩效管理的四个程序，它们分别对应于确立绩效标准、绩效沟通、绩效评估、绩效激励，也就构成了一个完整的绩效管理过程。

二、建立绩效标准

与人力资源主管一样，要想对生产人员进行绩效管理，生产主管必须首先建立绩效标准。作为绩效管理的主要目的生产率，同时也应是生产人员的绩效标准之一，但是生产主管不能将生产率作为唯一标准。

任何一个生产主管都明白，仅仅用生产率衡量生产绩效是有问题的。例如产出是用生产的数量来度量的，而没有考虑质量、交货信度和生产柔性等因素。对于标准化的产品而言（如汽油），生产率可能是一个较好的指标。这类竞争产品大致相同，汽油不会在不同时期发生很大变化。产出除了产量外，其他因素基本不变，所以生产的任务就是降低

第四章

生产人员绩效管理

投入成本。

但是,大多数的生产过程却不符合这种模式。许多产品的生产是在质量、成本、交货、生产柔性和创新等方面进行综合竞争。生产率只能度量成本因素,而不能对其他方面进行度量。因此,生产主管必须建立一个多维的绩效标准体系。新的标准必须认识到绩效是一个复合概念,而不能靠单个数据进行度量。

生产主管应该建立五类衡量生产绩效的标准体系,每一类针对一个方面:质量、成本、交货、生产柔性和创新。更具体的度量标准。

三、生产主管的工作分析职能

工作分析是指收集工作岗位信息以确定工作的责任、任务或活动的过程。

工作分析是人力资源管理最基本的工作之一。它是一种系统地收集和分析与工作有关的各种信息的方法。这些信息包括各种工作的具体内容、每项工作对员工的各种要求和工作背景环境等。通过工作分析,可以制成工作说明书,这是绩效标准的主要来源,同时也是其他绩效管理程序的基础。

(一)工作分析与绩效沟通

在工人由工会出面代表的情况下,工作分析必须确定哪些工作是工作范围之内的、哪些是工作范围之外的,这是工会与企业管理层进行绩效沟通的前提。有时,在决定某些工作是否应包括在企业与工会的协议中时,也需要以工作分析信息为依据。在有些情况下,如果确有必要,企业管理层也会力争使某些负责性的工作排除在谈判范围之外,或使该工作的主管独立于工会组织。

（二）工作分析与绩效评估

从工作分析中获得的信息可以被用来开发绩效评估形式。有这样一个关于以工作分析为基础的绩效评估形式的实例：它以清单列出该工作的任务或行为，并且具体规定每项任务的期望绩效水平。在这里，工作分析起着十分关键的作用。如果没有工作分析的信息，企业在一般情况下会使用一种单一的、概括化的形式，按照这种形式，所有的工人都以一套被假定所有工作都需要的共同特点或特质（例如，个人外貌、合作、可靠性、领导资格等）为基础而加以评价。以工作分析为基础的评估形式优于概括化的形式，因为它们在传达绩效期望方面能起一种更好的作用。

（三）工作分析与员工报酬

大多数企业会把每项工作对企业的相对价值或重要性的一部分用来作为薪金比率的基础。工作价值一般要通过诸如技能水平、努力、责任和工作条件之类的重要因素去评价或评定工作来再加以确定。工作分析所提供的信息被用作工作价值评价的基础。

（四）工作分析与员工培训

企业可以使用工作分析的信息去评估培训需要以及开发和评价培训方案。工作分析能够识别一个工人必须完成的任务。因此，通过绩效评估过程，主管可以识别哪些任务已被很好地完成，以及哪些任务完成得不那么好。主管接着可以确定，那些不那么好地被完成的工作能否通过培训加以矫正。

生产主管也可以使用工作分析的信息去开发相关的培训方案。工作分析具体规定每项工作怎样一步一步地完成。然后，生产主管开发培训材料，以教会生产人员如何有效完成每道工序。

第四章
生产人员绩效管理

为了评价一个培训方案的有效性，企业首先必须具体规定培训目标或者在员工结束该方案时人们期望他们达到什么绩效水平。要想判断某个培训方案是否成功，基础应当是：那些绩效水平已被达到了何种程度。所期望的绩效水平经常在工作分析过程中被加以具体规定。

（五）工作分析与生产率改善方案

工作分析在开发生产率改善方案方面也起一种重要作用。各种各样的按绩效付薪金的方案为那些工作绩效达到或高于某种所希望水平的员工们提供奖励。工作分析被用来识别绩效水平。

四、工作研究

无论是人力资源主管、财务主管、营销主管，还是企划主管、行政主管、生产主管，都必须进行工作分析。工作分析对生产主管而言，就是进行工作研究。

工作研究是通过对现有各项作业、工艺、工作方法等进行系统地分析，以提高人员绩效。

工作研究有五种作用，具体如下：

第一，重新组织工作，提高工厂或作业单位的效率（生产率）。运用工作研究一般来说很少甚至无须对厂房和设备进行投资。

第二，作为一种系统性管理技术，工作研究要求不忽略任何一个影响作业效率的因素，要求提供作业的全部情况。

第三，工作研究是确定绩效标准的最精确的方法。这些标准是生产计划和控制的依据。

第四，有效应用工作研究能够节约资源，而且只要不断循环地进行，就能不断收到节约的效果。凡是进行手工操作或作业的地方，工作研究都能帮助人们达到节约资源的目的。

第五，工作研究是管理部门可利用的最敏锐的调查研究手段之一。它起着外科医生的手术刀的作用，观察、剖析影响效率的所有因素，把各种缺点都暴露出来，以求得到改进。

五、工业标准

工作研究中的一个重要问题是制定工作标准。所谓工作标准，是指一个训练有素的人员独立完成一项工作所需的时间，他完成这样的工作应该用预先设定好的方法，用他正常的努力程度和正常的技能（非超常发挥），所以也称其为时间标准。

工作标准主要适用于工作周期较短、重复性很强、动作比较规范的工作。对于某些主要是思考性质的工作就不太适用，例如，数学家求解问题、大学教授准备讲义、寻找汽车故障的原因等。对于某些非重复性的工作也是不适用的，例如，非常规设备的检修。但是，在很多制造业企业的生产系统中，以及服务业企业的服务流程中，存在大量的规范性的、动作有规律性的工作，对于这些工作，就可以通过工作研究制定一个工作标准。而工业标准对于生产管理者有以下重要作用。

第一，工作标准是制定生产运作能力计划的依据。

根据完成各项工作任务所需的标准时间，企业可以根据市场对产品的需求来制定其人员计划和设备计划，包括设备投资和人员招聘的长远计划。企业首先根据市场需求决定生产量，然后根据生产量和标准时间，决定每人每天的产出以及所需人数，再根据每人操作的设备数和人员总数决定所需设备数量，在此基础上就可以制定设备和人员计划。此外，生产进度计划的制订也需要有较精确的标准作业时间为基础。

第二，工作标准是进行作业排序和任务分配的依据。

第四章
生产人员绩效管理

根据不同工序完成不同工作任务的标准时间，合理安排每一台设备、每一个人的每天工作任务，以防止忙闲不均、设备闲置、人员闲暇的现象，以便有效地利用这些资源。

第三，工作标准是进行生产系统及生产流程设计的依据。

工作标准可以用来比较不同的生产系统设计方案，以帮助决策；可以用来选择和评价新的工作方法，评估新设备、新方法的优越性。

而工作标准运用于绩效管理则会产生以下作用：

一是可作为一种激励手段。

用工作标准可以确定一天的标准工作量，如果想鼓励员工多完成工作，可根据工作标准确定"超额"完成的任务量，并给予相应的奖励。

二是用于成本和价格控制，提高绩效。

以工作标准为基础，可以建立产品的成本标准，这一标准又可以用来制定预算，决定产品价格，以及决定自制还是分包这样的生产运作战略。

三是评价员工的工作绩效。

比较一个员工在一段时间内的工作成绩和工作标准，从而判断他工作绩效的好坏。

在进行绩效评估之前，生产主管必须对工作标准进行明确的定义，并就这些工作标准与员工进行沟通。工作标准应该以与岗位有关的需求为基础，而这些需求是通过岗位分析得出的，并反映了岗位的特征和特殊性。

六、与工作标准相关的基本要素

工作标准与企业战略相关性指的就是工作标准与企业战略目标的相关程度。比如，如果全面质量管理计划已经制定了一条工作标准，即"95%的客户投诉必须在一天内解决"，那么，就必须以这条工作标准来衡量企业的客户服务代表的工作。

（一）工作标准存在缺陷

在制定工作标准时需要考虑的因素是，在员工所应承担的全部责任中，工作标准所涉及的范围。当企业的工作标准仅仅注重于某一类标准而排斥另一类同样重要却产生较少收益的标准时，就可以说企业的评估体系标准存在缺陷。

（二）工作标准存在干扰

工作标准不仅会存在缺陷，还会被干扰。有时，一些不能被生产人员所控制的外部因素会影响生产人员的工作绩效。比如，在比较生产人员的工作绩效时，工作标准不能被工人使用机器的新旧程度这一因素所干扰。

（三）工作标准的可靠性

可靠性是指一项标准的稳定性或一贯性，或者是指个人在一段时间里维持某一工作水平的程度。在绩效评估中，可靠性可以用相关联的两组参数来衡量，而这两组参数可以由一个或两个生产主管来制定。比如，可以由两个生产主管来评定同一个员工的绩效水平。同时，这两个生产主管的评定工作也可以被用来比较，以确定评估者相互之间的可靠性。由于工作标准最终要求生产主管详细地列出有关产出数量和质量的信息，并将这些精确的信息与员工进行沟通。因此，在制定工作标准时，必须将标准做可定量的、可度量的定义。比如，作为一条工作标准，"能够并愿意组装汽车轮胎"就没有"生产人员必须在4小时内组装一个汽车轮胎且合格率必须在98%以上"的表述来得好。当工作标准以专业的、可计量的语句来表述时，依照此标准对员工进行的绩效评估才是较为公正的。

第四章
生产人员绩效管理

七、作业测定

制定工作标准的关键是定义"正常"的工作速度、"正常"的技能发挥。例如，要新建一条生产线，生产主管需要根据需求设计生产能力，雇用合适数量的生产人员。假定一天的生产量需达到1500个，就必须根据一个人一天能做多少个来决定人员数量。但是，一个人一天能做的数量是因人而异的，有人精力过人、动作敏捷，工作速度就快，还有一些人则相反。因此，必须寻找一个能够反映大多数人正常工作能力的标准。这种标准的建立，只凭观察一个人生产一件产品的时间是不行的，必须观察一定的时间、做一定数量的产品，并观察若干个人，然后用统计学方法得出标准时间。这就需要用到作业测定。

作业测定是对实际完成工作所需时间的测量，是工作研究中的一项主要内容。制定工作标准需要运用作业测定的方法，对实际作业时间进行统计，找出一般规律，这样才能最后建立工作标准。

生产主管通过作业测定来制定工作标准有以下方法：

（一）时间研究

运用时间研究，生产主管首先需将要研究的工作分解成单元，然后用秒表观察和测量一个训练有素的人员在正常发挥的条件下，各个工作单元所花费的时间，这通常需要对一个动作观察多次，然后取其平均值。从观察、测量所得到的数据中，可以计算为了达到所需要的时间精度，样本数需要有多大。如果上述的观察数目尚不够，则需进一步补充观察和测量。最后，再考虑到正常发挥的程度和允许变动的幅度，来决定标准工作时间。

（二）标准要素法

在一个企业内，如果有成千上万种工作需要制定工作标准，那么逐一使用时间研究方法所花费的时间和成本可能就会相当多。在这种情况下，生产主管可以使用标准要素法。这种方法是基于这样一种基本原理，即在不同种类的工作中，存在有大量相同或类似的工作单元，不同工作实际上是若干种（这个种类是有限的）工作单元的不同组合。因此，对于工作单元所进行的时间研究和建立的工作标准，可应用于不同种类工作中的这种工作单元。而这样的工作单元的标准，一经测定，即可存入数据库，在需要时应用。

（三）预定动作时间标准法

预定动作时间标准法（PMTS）同样也用现存列表的数据人为地设置时间标准，这类方法与标准要素法存在以下几点区别：

第一，它们是为基本动作而不是为特定的作业元素设置时间。

第二，它们广泛地适用于多种手工劳动，而标准要素法只适用于工厂或公司。

第三，使用PMTS时，为了描述一项即便是持续时间非常短的作业，也需使用许多基本的动作，所以为了设定一个标准，需要生产主管花很多时间。

（四）工作抽样法

工作抽样法也叫瞬时观测法，它是由生产主管选择随机时刻对现场操作者或设备的工作情况进行瞬时观察，记录其从事某类工作出现的次数，运用数理统计等方法，通过可靠度和准确度计算，推定观察对象的整体工作状况。其结果可用于制定时间定额中各类工时消耗的比例，为确定作业标准时间提供依据。

工作抽样法的特点是采用非连续性观测方式，不是记录观测的时间，而是记录对观测到的事情性质（如工作还是停工）做出的判断结果，所以，具有操作方便、简单省时等优点。

第四章

生产人员绩效管理

八、岗位设计与绩效考核

企业员工的绩效考核是按照一定标准，采用科学的方法，对员工的心理品质、职业道德、工作能力、劳动态度、工作业绩等方面所进行的全面考察、评定和审查。绩效考核与岗位设计的对象和目的有所不同。工作岗位设计是以岗位为中心，分析和评价各个岗位的功能和要求，明确每个岗位的职责、权限，承担该岗位职责的人员所必备的资格和条件，以便为事择人；而绩效考核是以员工为对象，通过对员工的能力、绩效等方面的综合评价，来判断他们是否称职，并以此作为激励、培训、任免的依据，促进人岗适应。虽然岗位设计与绩效考核有许多不同点，但就其实质而言，两者体现了绩效管理"因事择人，适才适用"的要求。从绩效管理程序上看，工作岗位研究是进行员工绩效考核的前提，它为员工绩效考核的内容和指标体系、评价标准的确定，提供了客观的依据。

从企业整个生产过程来看，生产主管在进行岗位设计时应考虑：

第一，企业劳动分工与协作的需要；第二，企业不断提高生产效率、增加产出的需要；第三，劳动者在安全、健康、舒适的条件下从事生产劳动的生理上、心理上的需要。

岗位设计的一项重要任务是为企业绩效管理提供依据，保证事（岗位）得其人、人（员工）尽其才、人事相宜。岗位分析的结果——工作说明书、岗位规范以及职务晋升图必须以良好的设计为基础，才能发挥其应有的作用，实现上述目标。因此，从岗位设计的全过程来看，在岗位调查以后，如果发现岗位设计不合理、存在严重缺陷时，应采取有效措施，改进岗位设计，使工作说明书、岗位规范建立在科学的岗位设计的基础上。

生产主管进行岗位设计的主要任务是建立岗位评价标准，并以此作为生产人员绩效考核的主要标准。岗位评价标准是指由有关部门对岗位评价的方法、指标及其指标体系等方面所做的统一规定。

※ 沟通与员工参与

近几年来，人们普遍将绩效得不到提高的问题归咎于沟通不良，事实上也的确存在这方面的因素。

"面谈"是生产主管与生产人员之间最主要的沟通方式，因此生产主管应学会如何与生产人员进行面谈。沟通不畅会使生产主管与生产人员的相处有许多的摩擦。

《纽约时报》上曾刊登过一则关于波士顿红袜队对纽约扬基队在扬基体育场的比赛的故事：比赛进行至第九局时，比数为5：3，红袜领先，最后扬基反攻，二出局二在垒，这时候红袜队派了一位新的后援投手加入比赛。教练指示他要"用力投球"。结果，第一次投球，对方打了一支全垒打。《纽约时报》引用了教练的话："如果那叫用力投的话，那我就不知道怎么样叫轻轻地投。"很显然，教练与投手间存在明显的沟通问题。

生产主管在回答"当你试着让生产人员知道他们该做什么时，你会遇到什么样的问题、障碍或挫折"时，最常见的答案是："他们不听，他们不回应，他们也不了解。"这些生产主管将沟通失败归咎于生产人员身上。然而事实上，失败的原因是生产主管，而非生产人员。令生产主管无法发挥效率的主要原因之一，是他们误解了沟通的含义。

沟通是什么？生产主管常会说沟通就是"传递讯息"，或者说是"两个以上的团体之间的讯息传递，以达到理解的目的"。很可惜，这些关于沟通的定义都是错误的，同时也显示了生产主管沟通失败的原因。

生产主管对生产人员实施绩效管理的一个重要环节便是沟通。生产

第四章
生产人员绩效管理

主管必须让生产人员明白所要达到的绩效标准以及如何达到这些标准；生产主管必须学会与生产人员进行绩效面谈并且面向生产人员进行绩效回馈；生产主管还必须懂得如何解决绩效评估争端。

一、绩效面谈与绩效回馈

绩效沟通主要包括确定绩效沟通的主题与内容、确定沟通的模式、为绩效沟通做准备、熟悉沟通的技巧，以及选择沟通环境等一些内容。

（一）确定绩效沟通的主题与内容

主要指的是明确与被评估者讨论些什么，哪些应该重点讨论，哪些应该涉及，哪些可以忽略等。在实际操作中，如何切入讨论的主题，如何展开讨论的内容，如何引导双方的谈话内容逐步转入正题，是生产主管在绩效沟通前需要认真思考和演练的。

（二）确定沟通的模式

指的是生产主管以什么方式进行绩效沟通。面向基层生产人员的常见沟通模式是：评估者与审核者直接沟通，分析被评估者的绩效及结论，由评估者向被评估者表述评估结果，与被评估者讨论绩效，建立生产人员绩效评估档案系统。面向基层生产主管的常见沟通模式是：评估者要求被评估者做系统地绩效陈述报告，以书面形式或者以演讲形式讨论绩效，评估者对被评估者的绩效评估结果进行沟通，提出培训和改进建议等。

（三）为绩效沟通做准备

主要内容有沟通涉及的背景资料、沟通评估结果所需要的依据或材料、判断被评估者接受评估结果的可能性、被评估者了解评估结果后的反应模式及解决方案等。

（四）熟悉沟通的技巧

包括了解和学习绩效沟通的代表性情景、沟通语言、身体语言及常见解决方案等。

（五）选择沟通环境

通常情况下，绩效沟通应尽量不选择在部门主管的办公室内，或人多嘈杂的地方，或在隔音效果不好的房间中展开，而应尽量选择在如谈判间或会议室等场所进行。可以设想一下，如果生产主管坐在自己的椅子上、生产人员坐在领导桌子对面的椅子上，在这种居高临下的场所中，双方讨论绩效的效果是不会非常好的，因为不平等的讨论环境会使生产人员感到压抑而制约了他们参与绩效讨论的积极性。一种可供选择的绩效讨论环境是生产主管与生产人员同处于桌子的一边，并且共同使用一份绩效评估表格或报告书，这样可强化合作的伙伴气氛。

二、绩效沟通

绩效沟通指的是生产主管与生产人员就绩效所做的沟通，它包括两个方面，一是生产主管与生产人员的绩效面谈；二是生产主管面向生产人员进行的绩效回馈。

只做绩效评估而不将结果反馈给被评估的生产人员，绩效评估便失去了它极重要的激励、奖惩与培训的功能。绩效面谈的作用便是让生产主管把评估结果反馈给生产人员。

一般这种面谈都由生产主管做过绩效评估并发现被评估者存在绩效上的缺陷而主动约见的。因为谈话具有批评性，又与随后的奖惩措施有联系，所以颇为敏感，但却又是不可缺少的。因此掌握好此种谈话便

第四章
生产人员绩效管理

需要某种技巧乃至艺术。下面是生产主管进行绩效面谈时应牢记的一些要点：

一是将焦点置于绩效结果而非被评估者上。

生产主管进行面谈时应将焦点置于以硬的数据为基础的绩效结果上，而先不要责怪和追究当事者个人的责任与过错，尽量不带威胁性。针对个人的批评很易引起反感、强辩与抵制，这就达不到绩效评估的真正目的，所以要强调的是客观结果。一位计划科科长在讲评手下一位组长的绩效缺陷时说："你们组的计划工作这回可很不理想啊，你瞧瞧这些数据，你们这次是全科任务完成得最糟的一个组，是不是？"就比当头一句"你真是个很差劲的计划人员！"的效果好多了。生产主管要表明他所关心的是哪方面的绩效，再说明下级的实际情况与要求达到的目标间的差距。要上、下一起来找差距。

二是不仅要找出缺陷，更要诊断出原因。

这点常被人忽略，常是发现问题后马上追问："该咋办？"这就绕过了对病因的挖掘，而使制定措施成了无的放矢，不能对症下药。找原因本身可以变成问题式的过程，借此可以找出所应采取的措施。要引导和鼓励生产人员自己分析造成问题的原因，即使浅薄牵强，也切不可反驳和嘲笑，而要启发他继续挖原因直到找准为止。

三是保持双向沟通。

要解决问题，就必须进行双向沟通，不能主管单方面说了算、主宰一切、教训生产人员。这样只会造就傀儡，不能造就人才；只会激起抵制心理，而不能激发克服缺点的热情。

四是落实行动计划。

绩效面谈只有产生改进的实效，才算是成功。所以找出了病因，就得上下共同商量出针对性的改进计划；计划不能只列出干巴巴的几条，而要多想出一些备选计划；不过最后重点只能放在一两项最重要的行动计划上，而且由谁干、干什么、何时干，都得逐一落实。计划得写成书面的，计划要强调改正了缺点的好处，以使计划带有激励性。

五是谈话要直接而具体。

绩效面谈要根据客观的、能够反映生产人员工作情况的资料来进行。这些资料包括以下几个方面的内容：缺勤、迟到、质量记录、检查报告、残次品或废品率、订货处理、生产率记录、使用或消耗的原料、任务或计划的按时完成情况、成本控制和减少程度、差错率、实际成本与预算成本的对比、顾客投诉、产品退回、订货处理时间、库存水平及其精确度、事故报告，等等。

六是鼓励生产人员多提出问题或多回答问题。

首先，应当注意停下来听生产人员正在说什么；其次，多提一些开放性的问题，比如，"你认为接下来该如何做才能改善当前的这种状况呢？"还可以使用一些带有命令性质的话，比如，"请继续说下去"或"请再告诉我一些更多的事情"，等等；最后，还可以将生产人员所表述的最后一点作为一个问题提出来，比如，"你认为自己无法完成这项工作，是吗？"

七是交谈时尽量不要绕弯子。

尽管不能直接针对生产人员个人，但必须要确保生产人员明白他到底做对了什么，做错了什么。因此，以下这种做法可能是非常有意义的：给他们举出一些特定的例子。在他们了解如何对工作加以改善以及何时加以改善之前，确信他们对问题已经搞明白，并且你们之间确实已经达成了共识。

研究人类行为的心理学家很久以前就发现，"回馈"是人类行为中，持续产生优秀表现的最重要的条件之一。若没有频繁、具体的回馈，表现常常都会变差。

生产人员表现令人不满意的主要原因之一，是他们觉得"从工作中没有得到任何的回馈"。据估计，企业绩效不佳的原因，有50%就是缺乏回馈。生产人员不知道自己做得好不好，如果生产人员认为自己做得不错，那么他们就不会改变目前的作业方法。

第四章
生产人员绩效管理

范斯货运公司原来是将较小的货物集中于一个大的货柜中，然后再以单个项目空运。公司的计划就是将95%可以集中的货物装柜。虽然实际装柜货物的百分比并不清楚，但是公司通常假设达到了95%的标准。各级主管以及搬运货物的码头工人也都相信他们做到了。然而，一项审核结果显示，只有45%的货物进行了装柜。这个结果令公司上下惊讶不已。

要想成功地解决这一问题，生产主管需要给予码头工人以回馈，告诉他们实际的表现。码头工人所要做的是，将每个货主的名字填写在一张表格上，记录每个货物是否达到可集中装柜的标准，并且指出货物是否确实集中装柜了。轮班时间一到，工人必须计算出实际装柜的货物百分比，与可以装柜却没有装柜的货物百分比，然后将表格交给生产主管。当这种表格传遍全国各地时，公司平均45%的装柜率在一夜之间涨为95%。虽难以置信，但这就是绩效回馈的魔力。

不妨思考一下上述问题的以下层面：

工人知道如何装柜。

工人知道他必须装柜。

所有装柜需要的工具和必需品都有供应。

工人以为已达到了标准。

显然这是一个绩效回馈的问题。公司并没有要求百分之百的表现，而只要求95%。码头工人认为他们已达到95%的标准，所以不需要有任何的改变。他们每搬运一件货物，就将它视为5%的一部分。由于工人无从计算，所以他们无法知道所搬运的是5%、10%还是55%。这在企业里原本看起来是动机问题，而实际上有50%是回馈问题。

三、绩效评估争端的解决

在绩效沟通之外，还有一个问题需要生产主管加以解决，那就是绩

绩效管理工具

效评估争端。

在绩效评估中，没有任何评价体系是绝对完善的，因此评价的结果难免有误差、失真、失实的成分存在。若上述情况比较严重、不可接受，企业就应该设立一个渠道以让员工有申诉的权利，通过仲裁寻求帮助，同时以此作为改善评价体系的依据。

员工申诉程序具体操作是让员工向仲裁委员会提出申诉，在3个工作日内，委员会将结果呈报高级管理层。在2个工作日内，高级管理层处理并交由指定仲裁代表，在1个工作日内答复提出申诉的员工。

工作绩效评价申诉流程要想成功地解决绩效评估争端，还应建立起争端的解决机制。建立绩效评估争端的解决机制具有两方面的战略价值：一是对评估者构成标准威慑，即如果"明目张胆"地利用绩效评估对生产人员打击报复，那么生产人员拥有启动争端解决机制的权利；二是为企业内部管理沟通建立起一座新的桥梁，使生产人员可以通过正当的、合理的途径反映他们对绩效评估的不同看法或意见。

在一个以企业生产线为背景设计的争端解决程序中，生产人员的绩效由班长垂直评估，由线长负责审核。如果生产人员认为班长和线长的评估和审核均出现严重不公正的现象，或者有证据证明他们之中或两者有打击报复行为，生产人员则可启动争端解决机制，有权利直接将争端提交生产主管，主管能够协调解决的则终止争端解决程序；如不能协调解决，则提交企业内部争端解决小组。班长的绩效由线长负责评估，由生产主管负责审核。班长启动争端解决程序时，首先将争端提交经理，经理不能解决再提交给企业内部争端解决小组。线长启动争端解决程序时，首先将争端提交企业主管副总裁，副总裁不能调解后再提交企业内部争端解决小组。生产主管启动争端解决程序时，首先将争端提交企业绩效评估小组，小组不能调解后再提交企业内部争端解决小组，并报企业总裁备案。经理启动争端解决程序时，一次性地将争端提交企业内部争端解决小组，并向企业总裁通报。

第四章
生产人员绩效管理

企业内部争端解决小组成员通常不包括企业总裁，而主要由副总裁、工会、合伙人、独立董事、股东代表大会代表或企业内资深人士等组成。在情况允许时，也可以邀请企业外人士（如法律界知名学者或律师）参加企业内部争端解决小组，以提高该小组裁决的公信力和中立性。此外，在组成人员的选择上，注意尽可能符合回避利益攸关者和仲裁中性原则。

企业绩效评估争端解决机制的关键在于设计和组成企业内部争端解决小组。该小组成立后，首先需要讨论和解决的问题是由绩效评估引发的内部争端调解的范围，以及相应的议事决策、投票程序与规则，特别是要明确哪些争端属于该小组调解和裁决的，哪些争端属于应该由企业内部按行政程序来调解的。我们不能将企业内部的所有争端，或由于绩效评估引发的内部其他矛盾，全部交到争端解决小组来裁决。

四、员工参与与员工授权

在美国西方电气公司霍桑工厂所进行的经典试验，证实了员工参与对生产率有积极影响。起初的试验涉及照明条件和工人生产努力程度之间的关系，这是由该公司自己进行的。结果发现这两个变量之间并没有什么联系，这就说明影响力来自其他一些变量。就在这时，来自哈佛大学的一些研究人员——梅约、罗斯里斯伯格、怀特海德和迪克森等，参加了这些试验。研究结果表明绩效和工作条件，如工作小时、休息时间、便餐饮料、温度等，并没有什么联系。而在继电器装配试验中，却发现了另外一些因素。在该试验中，六名女工作为一个小组开始工作，她们上下班时都会互帮互助。由于没有正式主管人员，这六名女工觉得有更多的自由。因为就提议的变革征求了她们的意见，从而使她们产生了自己受到重视的感觉。霍桑实验的结果表明，为工人提供参与性的氛围，可以促使其产生合作的态度，并因此提高绩效。

绩效
管理工具

（一）员工参与

科克和弗兰克进行了一些试验，以研究参与性方法在引进变革时所具有的影响。该研究在哈伍德公司进行，涉及四组工人。第一组是控制组，以通常方式进行了一项工作的更改，而工人们还如往常一样是在会议上得知由于竞争形势工作将会发生一些变革。第二组是通过代表制采用了一项参与系统。小组成员选出特别操作人员作为代表。第三组和第四组相对来说要小一些，其成员帮着设计新工作。第一组在变革后，生产能力从60单位降至50单位。第二组在变革发生后，生产率随即降低，但逐渐得以恢复，32天后，返回至60～70单位。第三组和第四组则做得更好，恢复得更快。大约两个半月后，控制组被允许进行完全参与，他们的生产率提高至大约70单位，他们对管理的攻击态度明显减少，人员流动率降至最低水平，并且对工作和公司的认同感也增加了。

所有这些都表明，员工参与是提高绩效的重要方法。生产主管必须意识到员工参与的重要性并采取相应措施扩大员工参与。

斯坎伦计划是最为成功的员工参与方法之一，是由约瑟夫·H·斯坎伦于1937年提出的。

该计划可以被定义为为提高生产率、工资和利润，降低生产成本所采取的一种劳资团队工作。

以下为斯坎伦计划实施步骤，可以作为参考。

建立由生产主管和工会代表组成的部门生产委员会。该委员会的主要职责是收集有关降低成本和提高生产率的建议并依其行事。

定期召开委员会议，讨论质量、销售、成本及顾客反应和关系方面的问题。与集体协议有关的抱怨和事项不在讨论之列。

工厂的所有人都得到一份会议记录。

决定人工成本与全部销售额的比例，据此指导未来行动。

第四章
生产人员绩效管理

通常是按月份发放生产率奖金（根据建议，所节约的成本通常75%归工人，25%归管理方）。

奖金的分发以全厂为基础，以避免一个部门以其他部门的利益为代价为自己谋利。

这样，就可以在全厂范围内鼓励员工参与，通过参与，达到提高绩效的目的，并使劳资双方都受益。接受技术变革、对工作的良好态度、团体精神、避免加班、良好的组织氛围、对主管的积极态度等都是斯坎伦计划积极的方面。

（二）员工授权

员工授权也可以作为一种形式的员工参与。员工授权是指赋予员工变革的权力，以鼓励他们做工作的主人。

在企业中，生产主管可以通过员工授权来增加员工的贡献，这是一种通过包含程序让员工参与到他们的工作中去的方法。像员工参与一样，授权鼓励员工成为他们自己工作的改革者和管理者，并且用这种方法使他们参与到工作中去，而这种方法给予他们更多的控制权。授权给员工意味着给他们信息、知识和技能、权力、奖赏这四方面的授权，使他们能更加自由地行动以完成工作，提高绩效。

1．信息

巴西最大的货船及食品加工设备制造商——SemcOS/A，其员工被允许获得公司各项资料或其他信息，包括管理层的薪水状况。为了表示公司对信息共享的重视，SemcOS/A的管理层与代表工人利益的工会一起培训所有的员工，使他们能够了解公司资产负债表和现金流量表所反映的内容。

2．知识和技能

企业通过培训计划教给员工们必需的知识和技能，使他们能够为本企业做出自己的最大贡献。例如，在ChryS1er位于加拿大安大略省

Bramalea的装配工厂里，经常组成产品质量分析团队，这使员工能积极主动地开展质量革新活动。施东公司对员工进行一种被公司叫作"视线"的培训，该训练能使工人们熟悉其工作如何与流水线上的前向、后向活动更好地衔接。这种训练能帮助获权的员工们更好地决策，以支持其他工人的工作，为企业目标的实现做出贡献。

3．权力

当今，许多具有极强竞争力的公司都在授权给工人，从而通过质量圈和自我管理团队等方式影响工作过程和组织的指导。

4．奖赏

对员工的绩效奖励一般有两种方式：利润分享和员工持股计划（ESOP）。以RC公司为例，它是一家发展迅速、盈利性强、以高技术为基础的公司，其员工就拥有公司51%的股份。

综上，可以这样说，所有类型的企业都可以成功地将权力授予它们的员工。如西格纳健康医疗公司、杜邦公司、沃尔玛公司、通用动力公司、高露洁—百货利公司、AT&T、麦格马铜业公司等。授权员工使得产品和服务在质量上得到了提高，减少了成本，而且有些还对设计好的产品进行了改进。基于这些，就可以得出结论：员工授权提升了绩效。

※ 生产人员的激励与培训

要想真正发挥绩效管理的作用，就必须依据绩效评估的结果对生产人员进行激励与培训。对生产人员的激励最主要的一项任务是确立绩效薪酬。

第四章

生产人员绩效管理

案例　纳尔逊公司的绩效薪酬方案

纳尔逊是一个坐落在美国密西根的公司，拥有181名员工。公司提供心脏外科手术所需的医疗设备，并提供专业渗透师去操作该设备。因为对这些渗透师有很高的技术需求，创建者艾德·比弗担心渗透师可能被竞争者挖走。

为防止渗透师被挖走，纳尔逊公司开发了一个提供给渗透师的绩效薪酬方案，并且基于工作绩效，每季度增加报酬。还为鼓励特殊行为而制定了一系列分红措施。

（1）主管无论何时看到某个员工有优异的工作表现，均有权分配给每位员工最多达1000美元的红包。

（2）按照其工作负荷和市外任务的次数，渗透师们能挣到一份相当于其年薪10%~20%的红利。

（3）如果操作其他外科监视仪器、发表科学论文或获得专业证书，还要授给额外的红利。

虽然该方案增加了工资成本，但每个渗透师每年多增的效益56000美元，已超过了对这些成本的补偿。

不同的企业对于是否发放绩效薪酬有较大的争论：有的企业认为绩效薪酬对生产人员的激励微乎其微；有的企业认为绩效薪酬虽然不会是想象的那样有效，但依然会产生影响；有的企业认为，如果没有绩效薪酬，生产人员的积极性（至少在绩效评估中的积极性）就会受到损害。

在不同的岗位，员工的绩效薪酬结构会有所差别。以生产销售型企业为例，生产线岗位员工（如普通员工或班组长等）的薪酬结构一般设计如下：基本工资+津贴+绩效奖励+其他加班工资等。员工的绩效奖励占工资总额的比例不超过

> 10%；线长、主管的绩效奖励占报酬总额的比例一般控制在10%~30%；经理或高级经理的绩效奖励一般占报酬总额的40%~50%，甚至更高些。
>
> 将激励与绩效直接挂钩在直觉上是相当吸引人的，因为大多数人相信，员工由于良好的绩效应该赢得奖励，那些绩效出色者应该比那些绩效平庸者得到更大的奖励。

将激励与工作绩效挂钩从期望理论的角度也可得到理解。

一方面，根据期望理论，工人们如果努力却没有得到奖励就会毫无积极性。

另一方面，当薪酬与绩效挂钩时，总的绩效应该得到提高。绩效高者应该得到大量的奖励以保持高水平的绩效，同时应激励绩效低者更加努力或促使其离开公司。如果总的工作绩效改进所得的回报远远大于奖励的成本，那么一个公司的竞争优势就将提高。正如纳尔逊公司所做的那样。

一、两种绩效薪酬方案

由于绩效薪酬方案能如此有力地影响竞争优势，所以这些方案引起了业主和执行人员的注意。一项调查显示，60%的董事会认为，绩效薪酬方案是当代公司所面临的最重要的绩效管理问题。

在企业实际操作过程中已总结出了多种绩效薪酬方案，在这里我们要介绍的是两种最基本的绩效薪酬方案。

（一）计件工资制

早期的企业主管凭借经验和直觉已经意识到，一个工业企业的员

第四章
生产人员绩效管理

工,在不统计产品数量的条件下劳动1天,其产量往往只能达到在进行数量统计时一个正常工作日产量的50%~70%。计件工资制是直接物质奖励的最古老的形式之一,已经有几千年的历史。但是,计件工资制并不是在所有行业和职业岗位上都是适用的,它主要在制造业、服装玩具业、铸造业以及某些特定行业中应用较为普遍。或者说,计件工资制主要应用于生产标准化、程序化高、能通过有效设施或管理手段对产品质量进行严格控制的岗位上,如自动化的生产流水线等岗位。

计件工资制是以生产人员完成产品的数量来计算其工资的绩效薪酬激励模式,其薪酬计算公式如下:

$$S(Q) = 仪 Q$$

其中:$S(Q)$——生产人员计件报酬;

　　　仪——计件单位工资率;

　　　Q——生产人员完成计薪产品的数量。

在实际操作中,计件工资制又分为三种常见模式:

一是完全计件工资制,即完全的多劳多得,生产人员完成多少产品完全按照某个固定的计件工资率支付报酬。

二是计件加最低工资,即生产人员在既定时间内完成产品的数量低于某个临界数量时,依然可以得到固定的保证薪酬;超过该临界数量时,按照某个固定的计件工资率支付报酬。

三是等级计件工资制或差别计件工资制,即如果生产人员在规定的时间内不能完成某个既定的产品,就适当降低计件工资率;如果超额完成既定的产品,则根据超过数量的多少获得不同的更高的计件工资率。

(二)标准工时制

标准工时制同计件工资制非常相似,其主要不同之处在于:计件工资制依据产品的计件工资率来确定工人的报酬;而标准工时制则依据工人绩效高于标准水平的百分比付给工人同等比例的奖金。标准工时制假定工人都有固定的基本工资。

假设卡尔所在职位的基本工资是每小时8美元（基本工资，但不是必须，等于职位评价确定的小时工资）。又假定卡尔所在职位的小时产量标准是20单位的产品，或者说，每单位产品的时耗是3分钟。日产量标准是160单位（8小时×每小时20单位）的产品，如果卡尔一天（8小时）生产了200根门侧柱，按照这个产量，他本应工作10小时（200÷小时产量20），他实际多生产了40单位的产品。这样，按照产量标准，他的生产效率比标准水平高25%（40÷160）。因此，卡尔当天的工资也应比基本工资高25%。他的基本工资是每小时8美元×8小时=64美元。则他当天的收入为64美元×1.25=80美元。

标准工时制具有计件工资制的大多数优点，它便于计算，易于理解；而且，奖励以时间为单位而不是以货币为单位。因此，部分工人不再过于倾向于将其收入同产量标准挂钩。并且，重新制定小时工资标准之后，不必重新计算计件工资率。

二、群体激励方案

绩效薪酬方案是针对生产人员个体的激励方法，无论是计件工资制还是标准工时制都是以单个生产人员的产量或标准工时为基准来计算的。除了个体激励方案之外，群体激励方案在目前的工业企业中也得到了广泛使用。

下面是目前正实施的群体激励方案中比较典型的四种方案：

Scanlon方案。其主要特点是通过允许员工分享从劳动成本减少带来的收益以激励劳工成本的减少。这项方案还包括建立员工委员会来积极挖掘可改进的领域。

KaiSer方案。同Scanlon方案一样，它利用员工委员会来寻求减少费

第四章
生产人员绩效管理

用的办法,并且同员工分享节约所带来的收益。除分享劳工费用的减少外,它还让员工从材料和供应费用的减少中获益。

Linclon方案。此方案是由美国俄亥俄州克利夫兰的Linclon电子公司开发的。它包括利润共享、工作扩大和员工参与管理。同其他方案一样,它利用评估委员会来提出建议。这个方案的三个主要组成内容是计件工资、年终奖和认股权。

Kodak方案。此方案结合使用加班工资和与公司利润有关的年终奖,而不是更为传统的激励方式。公司鼓励员工帮助制定目标,决定合理的绩效水平,其理念是:员工的参与使得他们更容易在某一报酬率上进行生产。

下面再介绍两种深受生产主管青睐的群体激励方案。

1. 成本分享计划

拉克计划是最常使用的成本分享方案,旨在通过建议员工削减生产成本,实现财务收益并与员工分享这一收益。这两个计划用不同的公式作为确定红利的标准。

拉克计划中的关键要素是"通过劳动增加的价值",它由下列因素确定:生产一件产品的成本(劳动除外);该产品的销售价值;生产一件产品的劳动成本。

为了确定"通过劳动增加的价值",生产主管需计算头两个因素之间的差异,然后确定这种差异的多大比例是由劳动成本造成的。例如,如果花40美元生产一件产品,产品销售70美元,这个差异(称为"增加值")是30美元。生产主管接下来需确定能被归因于劳动的价值部分。例如,如果公司付给工人10美元用以生产这个产品,则这项劳动就给总的增加值贡献了33%(10/30)。

要想使用拉克计划,生产主管需首先确定,对一个基期而言,劳动产生的价值增加的百分比是多少。要想这么做,生产主管可以通过计算库存的总销售价值和生产其成本之差来确定价值增加,然后用这个价值增加数来除以劳动成本。

例如，在一个基年里，如果库存价值为100万美元，生产这些库存的成本是70万美元，则价值增加30万美元。如果劳动成本是10万美元，则通过劳动而带来的价值增加为33%。也就是在这一基年里劳动成本提供了价值增加的33%。在下一年度里，企业生产价值150万美元的器件，成本是100万美元，价值增加是50万美元。用33%这个数字计算，期望的劳动成本将是16.5万美元。如果实际的劳动成本仅是10万美元，那么，这个收益将是6.5万美元。

成本分享计划现在正被用于成千上万的企业，涉及数千万的员工。成本分享计划在制造业中最常见，在那儿，生产率收益能被最容易地测量出来。然而最近，服务组织也已开始实施这些计划。

本分享计划对生产人员的激励是很有成效的。据估计，单单在第一年里生产率改进范围就达15%~20%。成本分享计划之所以如此有效，主要的原因有：

第一，努力与绩效和绩效与奖励的联系是强烈的，因为员工知道，要促使盈余分配需要做什么。这个分配公式是以客观条件来陈述的，因而受到了保护，避免了受生产主管的偏见影响。

第二，这些方案把绩效和组织使命连接起来，所以它们也是起作用的。一个设计良好的成本分享计划为公司整体生产率的改进活动而奖励员工。例如，成本分享计划鼓励员工去寻找消除不必要的生产工序步骤的方法，使工具和设备更易使用并杜绝延迟。

第三，员工理解，当所有的员工尽可能有效地工作时，他们自己获得的奖励将更多，所以营利分享方案也促进了团队工作。员工也因此更有可能交换想法、共享资源，以帮助其他的人成功。

2．利润分享计划

利润分享计划奖励群体的而非个人的绩效。然而，这个盈余分配是基于利润而非成本，公司利润的一部分被发至员工的个人账户中。利润

第四章

生产人员绩效管理

分享计划有三种类型：

第一种，延迟计划：个人的利润分享所得在退休时发放。

第二种，分配计划：一旦利润分享额度被计算出来，则公司发放每期利润分享的全部所得。

第三种，组合计划：员工马上收到每期收入的一部分，其余要等待将来分配。

利润分享计划使用得非常普遍。在1989年，美国所有全时制员工的16%都参与了这项计划。利润分享计划的优点类似于成本分享计划的优点。两种计划的目的都是通过使员工的利益和主管的目标相容进而改进生产率。因此，如果主管做得好，员工也就做得好。然而，因利润分享，员工可能获得更大的所有权感觉，这就可能帮助员工更密切地认同企业，将其目标内部化，并更努力地工作以实现这些目标。

案例　用利润分享计划提高生产率

罗伯特·弗雷和他的合伙人于10年前买了一个规模小但问题多的公司，用来制造油管和合成罐。当时利润仅够支出，劳动成本失控，员工关系紧张。而今天，这个公司制造了一种高度分化的、特别受保护的、对环境负责的新合成罐；劳动力有柔性并深深地影响到公司的成功；员工关系非常好；由于公司的生产率提高了30%，因而管理者与员工都获得了不少收益。

弗雷的公司是如何取得这一惊人的转变的呢？利润分享计划的导入扮演了主要角色。这个计划系统地阐述了分配许多收益足以使每个人都热情参与到削减成本、增加销售和获取利润的努力当中来。弗雷推论，如果员工获得一部分利润，那时，额外的成本和开销也将由他们负担。那么，他们将由于这一利害关系而削减这些成本和开销。弗雷推动并要求人们帮助解决与其工作相关的问题，这样每个人都能获得更多的收益。尽管进步很慢，但公司最终获得了巨大的成功。

全时制员工常规性地监督着其他人的工作以减少浪费和提高效率。实际上，旷工现象也消失了，申诉也降到了每年仅有1~2件。

三、对生产人员进行培训

薪酬是公司向员工支付的工资和福利，作为员工为公司工作的补偿，公司利用薪酬体系来达到多种目标，比如，通过为员工提供高于其他公司（地方性公司、全国公司和跨国公司）的工资和福利，来吸纳、激励和留住有才华的员工；为了保持竞争力，公司要求员工掌握多种技能，并确保其愿意和能够学习新的技能，以适应不断变化的产品更新的需要。

为使培训与员工薪酬紧密相关，生产主管可以采用以技能为基础的工资体系。在以技能或以知识为基础的工资体系中，员工的工资主要以他们所拥有的知识和技能为基础，而不是以现有工作所需要的知识技能来确定。采取这种方式的根本原因是它能确保员工不断地学习，并使公司在提供产品方面增加灵活性。采用技能薪酬体系还能促进交叉培训。交叉培训指对员工进行培训，让其学习一项或几项工作技能。当工作小组需要对员工进行工作轮换或需要替代空缺岗位时，这种方式显得尤为重要。

技能工资体系还有利于更好地发挥员工的技能和聪明才智。由于

第四章

生产人员绩效管理

跳槽或旷工的员工可以被掌握多项技能的员工所替代，因此可以使员工队伍更为精干高效。当不同的产品需要不同的生产过程，或由于供应短缺需要增加适应性和灵活性时，具有多重技能的员工就显得尤为突出了。

技能工资体系对培训需求评估、培训方式及培训效果评估都具有重要意义。由于工资直接与员工所拥有的知识或技能挂钩，就会促使员工参与培训。作为激励的一种特殊形式，培训也是绩效评估结果的应用范围之一。将培训与员工薪酬挂钩的方法对于提高生产人员的绩效也是大有裨益的。

案例 查尔斯兄弟公司的培训课

位于美国俄勒冈州附近的莫尔斯兄弟公司，是西北地区少数几家向司机提供常规培训的混凝土搅拌企业之一。公司拥有一个由73辆混凝土搅拌卡车组成的车队，卡车司机们若多偷点懒，那么在每天的8小时内将多消耗掉2000加仑汽油。而如果使卡车载满的话，其总重可达350吨。另外，混凝土搅拌卡车常常需要在建筑工地穿越不同地形，因此，司机必须懂得如何避免危及生命或破坏设备的翻车事件发生。此外，卡车司机还要习惯于用铁锤去敲掉已凝固的混凝土这种乏味的工作。而大多数的搅拌卡车司机一般不太了解有关他们运送的混凝土的知识。莫尔斯兄弟公司的任务便是对司机进行这方面的培训，从而使司机们能够告诉顾客怎样往混凝土搅拌机里放入添加剂才能符合他们的需要。

莫尔斯兄弟公司通过辅导员开发出了一套培训用的录像资料。辅导员负责选择每周的录像内容，安排观看时间，保存学

绩效
管理工具

员参与记录,并且在每次录像后指导全面讨论。辅导者要求受训者关注录像中的学习重点,并将其与自己在实际工作中遇到的问题联系起来。由于培训是在早上司机刚开始上班的时候进行的,因此时间十分有限,录像一般不超过10分钟。一项被称为"另一双眼睛"的培训是让司机观察工作地点的检验机构的检验程序。因为检验机构每个月都要进行好几次抽样检验,样品不合格将导致公司负责拆毁并清除全部的混凝土结构。莫尔斯兄弟公司之所以要提供检验程序的培训,是由于经常出现检验圆筒里掉进污染物(如灰尘)而导致样品通不过检验。还有一部录像强调的是寒冷天气的预防措施:每一天工作完毕后要将卡车处于空挡位置和把管道放平。每次培训过程中,都要让司机回答几个与培训内容有关的问题。培训结束后,司机再和辅导员一起讨论有关影响产品质量或运送时效的问题,然后由辅导员向管理者通报这些信息。

莫尔斯兄弟公司的这种培训计划已被混凝土行业内和行业外的其他公司所认可。有几家混凝土搅拌公司还要求莫尔斯兄弟公司帮助他们在工厂内建立司机培训项目。莫尔斯兄弟公司通过混凝土搅拌协会向其他公司出售录像资料,有些录像还获得了由专门的录像制品评定机构颁发的奖项。

对生产人员进行培训最重要的是选择培训方法,正如莫尔斯兄弟公司一样,由于找到了适合的培训方法,所以其培训业务也深受欢迎。

学徒式培训是一种典型的对生产人员进行培训的方法。学徒式培训是一种培训体系,一名员工在这种体系中通过岗位与课堂、理论与实践等方面的学习来掌握技能。

第四章
生产人员绩效管理

　　学徒式培训是在职培训的一个分支。对那些刚开始工作的员工，特别是像机械师、实验室技术员或电工等，通过这一方法，可以针对工作从理论和实践两方面给予指导和经验传授。例如，波纳维尔电力管理局和通用物理公司为分电站的操作工开发了学徒式课程，教授员工电力的基础知识，提高他们在分电站实际操作设备的能力。最终，这项课程被用于帮助未来的电力操作工发展应对紧急事件的能力。

　　同样，位于美国密歇根州底特律的"焦点—希望组织"向年轻、低收入、失业的成年人提供学徒机会，以学习先进的制造技术。"焦点—希望组织"还建立了先进的科技中心，提供为期6年的课程，将应用工程的工作经验与研究和电脑化综合制造整合在一起。

　　西门子斯通伯格·卡尔森培训中心属于位于佛罗里达马丽湖的西门子公司，其欧洲学徒式培训方法以适应美国的形式被采用。经美国劳工部许可并协助，西门子斯通伯格·卡尔森建立了一套学徒项目，德国使用的学徒模式经过改良后于1992年就已经开始实施。其培训项目主要涉及设备工程与电信科技的相关专门领域。电子技术员学徒培训项目主要包括高中及社区大专的学生。培训进程大致是：社区大专的学生首先在公司的学徒培训中心接受大约每周20小时的实际操作指导。在项目的第二和第三年，这些学生接受业余的在职培训，以便有机会在实际的工作环境中运用所学的技能和知识。

　　公司选择地区学校的优等高中生参加学徒培训——公司的全盘学徒项目的第二层次教育。首先，高中生在学校内学习基础知识，在培训中心接受实践培训。在这些年轻人毕业以后，西门子考虑接纳他们参加全盘学徒课程。

　　早期的结果证明，参加此项目的学员的工作表现至少与德国有类似情况的同行相当。实际上，由于结果出人意料的令人满意，马丽湖地区的其他行业也开始与本地区学校合作开发此类培训项目。西门子逐步扩大了这一项目的开展地区，在肯塔基州的富兰克林和北卡罗来纳州的罗

> 绩效
> 管理工具

利均进行了试验性的项目。所有参与设计的人员都至少为其他西门子公司设计过11个相关项目。

作为一种培训方法，学徒式培训起源于欧洲，改良之后在美国广为使用。一般而言，学徒式培训需要机构与工会合作。在运用学徒式培训过程中，生产人员还可以获得相应的回报。

所以说，想要真正发挥绩效管理的作用，对生产人员的激励与培训必不可少。绩效薪酬方案是对生产人员进行激励的主要形式，目前兴起的群体激励方案，如成本分享计划、利润分享计划等，也深受生产主管的欢迎。对生产人员的培训是提高绩效的重要手段。

第五章
行政绩效管理的构筑

绩效
管理工具

要构筑一个绩优行政组织，首先要知道高效行政组织对企业持续发展的作用是什么，要了解高效行政组织的衡量尺度、高效行政组织的促进作用以及高效行政组织的基本要素等。其次要知道提高行政组织绩效的核心途径是高效的行政监督，要掌握行政控制的精髓，设置最佳的管理幅度和管理层次以及行政主管的授权艺术和选聘、培训步骤。最后，就要对行政组织进行优化设计，要把优化设计与企业战略联系起来，掌握优化设计的原则和规范。在信息急速膨胀的今天，在当今这个高竞争、全球性的经济社会，企业必须不断提高行政绩效，建立绩优行政组织，才能不被淘汰。

※ 高效行政组织与企业持续发展

企业行政部门是企业组织管理工作的重要执行部门，企业组织管理工作是企业行政工作内容的一部分。

任何一个企业，如果要想得到稳定、持续和长足的发展，都离不开一个高效的组织，组织的平稳发展得益于组织的绩效管理。绩效管理并不是一个什么新的概念，人们早就认识到绩效需要管理。无论是从组织层次考虑，还是从个人角度乃至两者之间的其他层次考虑，这一点都是无可争议的。在过去几年里，我们已经创造了许多以绩效管理为对象的实践手段、技术、工具、体系和指导观念。事实上，绩效管理本身就代表着一种观念和系统，特别是到了20世纪80年代后期和90年代早期，绩效管理逐渐成为一种非常流行的观点。正如布雷德拉普所说的那样："一个非常明显的趋势是竞争将会随着全球化和顾客需求的日益深化而不断加剧。随着消费者面对着更多的产品和服务，他们对质量、服务和商品内在价值的期望也会相应地变得越来越高。只有不断改善组织的绩效，

第五章
行政绩效管理的构筑

才能满足这种更高的期望,使得顾客满意。"

管理者在对企业行政组织进行管理的时候,要充分认识到这一点,以适应日益变化的需求和全球化的竞争趋势,采取应对措施,迎接挑战。

一、一个有效行政组织的基本要素

管理和行政虽字眼不同,但两者却很难严格区分。一般而言,管理是层次比较高的,是从宏观的角度去计划怎样带领一个企业走向成功,而行政只是具体执行计划。

行政主管在对行政组织进行绩效管理的时候,首先应该认识到,一个高效的组织的基本要素是什么。

亨利·明茨伯格提出的一个思想是一个组织若想高效,就必须处理好七个基本要素之间的相互作用,即方向、效率、精通、创新、集中、合作或文化及冲突或政治。

一个高效的行政组织就是通过行政主管周密的计划和安排以及有效的行政实施,使组织能够使这七个要素达到均衡。例如,像3M这样的组织强调创新;像沃尔玛这样的组织在其组织设计中强调效率和精通;像汉森工业这样的组织则强调集中;而美国西南航空公司在参与和合作的基础上通过创造鲜明的企业文化获得成功。

每个组织都必须发现是什么在起作用。它不可能同时使所有的需要最大化。通过理解这些要素并设计具有战略性效果的正确结构,行政主管就能够建立有效的组织。这是一个连续的领导过程,因为一个配置可能会工作一段时间,然后就需要重新组织,以便获得新阶段的协调和有效。最终,组织的形式将符合所制定的战略和环境的需要。

接下来,将详细介绍有效行政组织的七要素:

方向。即对组织的设想、目标和使命的确定。行政主管通过建立使命和目标为组织确定战略方向。

效率。它要求成本最小化和收益最大化。要提高效率必须建立合理化和标准化的行政组织。

精通。即用高水平的知识和技术来完成任务。精通是一个高效组织的优势，它利用经过高度训练的专业人员来做到优秀。它能够为组织实现卓越，在战略方向、最高管理、组织设计和企业文化方面培养组织的精英人才。

创新。它指的是组织需要开发新产品和新服务来适应变化着的外部环境。组织的特别结构最能满足创新和变革的需要。

集中。即将组织的努力集中于特定的目的。

合作、文化。合作是共同文化价值观的结果，它反映了在不同的群体中对和谐与合作的需要。行政主管要能够建立有力的，而且有适应性的文化。

冲突、政治。冲突会带来消极意义的政治性问题，由于个人对成功和承认的需要，冲突还会引起个人之间和部门之间的分裂。

二、高效行政组织的促进作用

任何一个企业，都必须随着客观环境的变化和发展不断地适应与完善，适时地进行组织变革与发展，提高行政组织的效能，使行政组织立于不败之地。

对于行政组织在企业管理中的促进作用，我们可以从行政组织的目的、自身发展的要求和行政组织的重要性三个方面来分析。

（一）行政组织的目的

以人为本，使组织能尊重个人，以提高组织成员对组织的信任和支持。

第五章
行政绩效管理的构筑

增加组织内横向、纵向沟通的开放性，促进个人目标与组织目标一致，是行政组织绩效管理的前提。

通过合适的革新措施，将组织更新付诸行动，以增进组织效能，提高组织解决自身问题的能力。

增加成员对外界和组织问题的识别能力与解决问题的方法，使组织能随外界环境的变迁而保持组织功能的正常运作。

（二）行政组织的自身发展

组织成员对工作任务有控制能力。

组织成员对工作绩效承担责任。

绩效评估应直接、经常举行。

组织成员在组织范围内可自定工作速度。

组织成员工作时应有一种成就感。

工作本身应该提供组织成员学习或尝试新的运作程序的机会。

（三）行政组织的重要性

组合所有的资源以达到期望的目标和结果。

有效地生产商品和服务。

为创新提供条件。

运用以计算机为基础的现代制造技术。

适应并影响变化的环境。

为所有者、顾客、员工和股东创造价值。

三、行政组织绩效管理系统的设计与开发

绩效管理的总体目标在于实现企业绩效。企业行政组织引入绩效管理的目的是满足多个目的中的任何一个或几个，例如，为了给员工提供

激励、促进培训和开发、使工资与绩效挂钩、提供绩效反馈以及改善员工绩效等。

（一）存在的问题

在实践中，行政组织绩效管理系统一般存在以下三个方面的问题：

绩效管理系统通常具有多重目的，这些目的主要是为组织目标服务的。

一个给定的系统也许有很多目的，但却存在着没有一个能够实现的风险。

各种目的之间可能存在着冲突。在行政主管和员工对绩效管理存在各自不同的目的的条件下，发生冲突的可能性就会更大。

绩效管理的主要目的是促进人力资源不同组成部分的整合，并使它们与企业的经营目标紧密联系在一起。明确绩效管理系统的目的，是整个开发过程中最重要的一环，因为系统的设计在很大程度上取决于对行政组织目标的最初决策。

（二）麦格雷戈的X理论和Y理论

相信X理论假设的管理者认为，他的下属不愿意工作，并尽可能地逃避工作，只有通过威胁（解雇或其他纪律措施）和利诱（奖金、加薪），才能使工人竭尽全力地工作。这种假设的基础在于下属不可信，需要时时刻刻地予以监控。科学管理理论就是这种假设的集中体现。

相信Y理论假设的管理者则完全相反。他们认为，下属在天性上是积极主动的，只要给他们指派合适的职位，为个人创造机遇、消除障碍，他们就会喜欢自己的工作。从这一角度看，管理者的职责在于为下属设定富有挑战性的目标，以确保他们有施展才能的空间，这样，他们就会安心留下来工作，生产率也会得到提高。

第五章
行政绩效管理的构筑

组织的系统目标与其作为独特实体所寻求的目的和所需要的条件有关。经营的稳定、高回收率、组织的发展、参与者的满意、行业地位的提高、技术的领导和革新，都是系统目标。

组织可能具有多重的而不是单一的目标。这套目标的确定是迎合外部和内部的因素的。像其他开放系统一样，组织一般都有可供选择的不同手段去达到系统目标。

（三）目标的作用

明确而统一的目标对行政组织有效且高效地运行至关重要。目标的层次与组织的结构有重大关系。一般来说，组织内的劳动分工、职能专门化是以手段—目的链为基础的。企业行政组织还涉及各单位、各环节的次目标。

行政组织目标的功能包括以下几个方面：

保证组织在社会中活动合法化。

识别各种利益集团是如何对组织活动进行限制的。

通过有目的、有方向地集中注意力和行为来指导活动。

促使个体和群体为组织而努力。

作为评价组织绩效的标准。

减少决策过程中的不确定性。

估计变化，为组织学习和适应提供依据。

为结构设计和最初限制条件提供决策依据。

为指导和协调组织行动的计划和控制系统提供依据。

为激励参与者实现组织目标而建立系统的基础。

（四）行政组织的次目标

战略层目标将组织的活动与其环境分系统联系起来。这一层次的目标是广泛的，而且在达到目标的手段方面具有极大的灵活性。

绩效管理工具

协调分系统目标把战略层建立的广泛目标转变为更具体的作业目标。这一分系统的基本目的与协调各层之间和各职能之间的活动有关。

作业分系统目标是从事实际工作任务的。这一层次的目标通常是非常具体的、短期的、可衡量的，如销售与生产指标。

通过手段—目的链，总目标被转变成越来越具体的次目标。复杂的组织有几个行政等级和分系统，每一级都有不同的目标与活动。

行政组织绩效管理系统的设计与开发过程是一个极其复杂的工程，且涉及多方面的问题。在整个开发过程中，解决关于绩效管理的性质、范围、内容和运作模式等一系列问题是非常重要的。下面列举了阿姆斯特朗（1994年）提出的一个包括64个问题的清单，在这里仅列举了其中的一部分，供参考。

案例　绩效管理系统的设计

总体状况。引入绩效管理的目的是什么？

绩效协议。该方法是否建立在正式的绩效协议、计划或合同的基础上？

目的。短期目的和长期目标怎样区分？

绩效评估标准或指标。在对绩效进行评估时，是否把投入和产出都作为应予考虑的因素？

属性和能力。员工的一般能力开发到什么程度，是可能的还是理想的？

绩效和开发计划。是否应该把开发同培训计划结合起来？

全面绩效管理。如何确保行政主管能始终如一地意识到自己对绩效管理所负的责任，并承担这一责任？

第五章

行政绩效管理的构筑

> 绩效检查。在检查过程中,在何种程度上把自我评价、上级评价和同事评价结合起来?
>
> 绩效评定。是否需要进行绩效评定?
>
> 现有的安排。为实施绩效评估,要考虑做哪些安排?
>
> 对团队进行绩效管理。是否希望突出团队在绩效管理过程中的重要性?
>
> 绩效工资。如果采用绩效工资制度,如何避免这种制度受到绩效激励与开发方面存在的偏见的影响?
>
> 管理者的反应和行为与其他员工的反应。如何建立行政主管对绩效管理的控制权?如何让员工接受并理解绩效管理?
>
> 培训。是否对管理者及其职员做了培训?需要什么样的简报?

四、行政组织绩效衡量尺度

如果绩效衡量仅仅意味着对历史结果进行综合回顾,那么从绩效管理的角度考虑,这种衡量几乎没有任何价值。一种有意义的绩效管理衡量手段必须是面向未来的,应该更加关注绩效的改善。布雷德拉普在1995年曾提出过绩效衡量系统可能发挥的八项重要作用,即决策支持、计划监督、绩效评价、诊断、对持续改善过程的管理、动机、比较、绩效衡量。绩效衡量系统的作用具体描述如下:

每个工作组织都涉及两个基本问题:一是在有效利用资源(生产力)的基础上实现目标;二是提高参与者的福利,并使之成为组织内的风气。行政组织也一样。行政组织绩效的一个衡量标准是个人和团体是否实现了相应的目标，另一个衡量标准是组织为参与者提供的氛围令人满意的程度如何。

以上可以得出衡量组织绩效的三个指标，即效能、效率和参与者满足感，其关系为：

组织绩效=效能+效率+参与者满足感。作为有效组织的尺度之一，效能可以定义为组织实现它的目的和目标的能力。这意味着组织能以最终实现全部目标的方式来开发和利用企业的一切资源。

（一）效能最终要与试图满足的利益团体相联系

由于企业的存在是为目标市场提供产品和服务，所以效能的一个关键的衡量尺度是这些产品和服务是否以消费者所希望的适当的地点、适当的质量和适当的数量与适当的价格提供的。

自然，一个组织要有效能，第一步是确立目标，必须具有对其目标的明确理解，并将它广泛通知给组织的成员知道。因为不论对目标设立过程的参与程度如何，组织的所有成员都必须知道目标是什么。

效能具体可用生产率来表示。生产率是单位投入的产出。生产率是一种尺度，可以衡量组织由投入到产出的转化过程的效率。生产率可以从三个主要方面来提高：技术、管理技巧和人们的努力。

效率总是与效能标准相伴，效率是指花费的资源与所产生的结果之间的关系。资源的各项花费应当带来相应的正面结果。一个组织可以是有效能的，但不一定有效率。例如，一个组织可以实现它的目标，但要以收入上的净损失为代价。这样的组织就不能被认为是有效率的，因为它没有从资源的使用中获得净利。

效率属于短期测度标准，而效能则是长期测度标准。也就是说，长期无效率是不可能的，效率的有无应该在短期内量度。之所以如此，是因为一个企业如果长期在效益净损失的情况下运行，那么将不可能一直存在下去，即便它在目标的实现上是成功的。

第五章

行政绩效管理的构筑

一般来说,讲求效能的前提是追求效率。但是对于效率必须小心加地以确定,否则将会引导到只注重有效性而以牺牲效率为代价的错误道路上。因此,效能和效率二者是必须同时考虑的因素。

参与者满足感,主要从工作生活质量上去衡量。工作生活质量,广义上认为应改变整个组织的文化,使工作人性化、组织个人化,以及从根本上改变组织结构和管理系统。

在对工作生活质量进行广泛调查和一系列研究的基础上,经济学家纳德勒和劳勒提出了工作生活质量的定义,即工作生活质量是看待人、工作和组织的一种方式。其具体内容是:

就同对组织的有效性一样,关心工作带给人的压力。

在组织解决问题和做出决策时,让员工参与的观念。

调查表明,现有的工作生活质量并没有满足许多人的渴望,反过来他们开始对工作阅历感到很不满意。这并不完全是由于环境不好造成的,而是由于人们的期望提高了,更确切地说,是人们期望得到一种更好的生存条件和一份高薪水的工作。

效能与效率作为行政管理人员在着手解决工作生活质量问题时,需要考虑如下问题:

如何帮助个人实现自己的事业,同时又满足行政组织对短期和长期劳动力的需求?

如何将工作设计得把有效的业绩与有意义的、使人感兴趣的和具有挑战性的工作联系起来?

在什么条件下,各种报酬以及报酬系统能最有效地鼓励员工加入到一个组织中,按时上班并表现良好?

群体的动力和群体间的关系是什么?

为行政组织成员创造最好的工作生活质量的主要监督策略是什么?

生产率和工作生活质量不是互相排斥的,行政主管管理的关键问题是设计一个既保持高水平的生产率,又同时满足人们对工作生活质量的期望的组织系统。

(二)绩效衡量系统的作用

决策支持。决策应当建立在对现有情况充分了解的基础上,进而在信息提供方面发挥重要的作用。

对战略计划的结果进行监督。在实施战略计划的过程中必须进行有效的监督,以确保实现长期目标和对原来的计划进行必要的修正。

绩效评价。追踪组织潜能的开发、新的衡量尺度的设定、满足各方利益相关人士的要求、提供激励等,对绩效进行评价。

诊断。公司需要设定诊断职能的指标。如果行政组织的绩效状况不断恶化,绩效衡量系统就应该提前发出预警,并投入必要的人力、物力,对原因进行调查。

对持续改善过程的管理。持续改善过程通常是一个循序渐进的良性积累过程。衡量是判断是否应对组织过程进一步投资和付出的依据,同时,对于过程的管理与组织战略保持一致以及把过程的改进转化为事业的成功等,也具有重要的意义。

动机。对过程的衡量是判断是否应对改进过程进一步投入的必要前提。

比较。对绩效和绩效计划进行的评价取决于如何确定不同绩效水平之间的差距。

绩效衡量。对监管人员和记录执行人员的绩效进行衡量,可以为他们各自的改进过程提供有用的资料,从而达到提高生产率的目的。

生产率高,就会带来良好的工作生活质量,或者工作生活质量好,生产率就可以提高了。由此可以推断,生产率与提高工作生活质量可能是矛盾的;当然,也要相信能同时实现这两个目标。这个观点的基础是工作满意;且工作生活质量好也会提高组织绩效。同时,效能(生产率)、效率和参与者满足感也是行政主管绩效评价的重要指标。

第五章

行政绩效管理的构筑

※ 提高行政组织绩效的核心途径

有些行政主管在建立了绩效管理系统之后,马上就在行政组织内加以实施。这是一种错误行为,因为该系统所承担的任务很可能是非常重要的。因此,采用分阶段实施的方法也许更为明智。此外,建立了绩效管理系统之后,也不能高枕无忧地认为它就会顺利地进行。朗格内克和斯卡兹若在1996年对实行绩效管理公司中的高级管理人员进行了一次调查,调查结果表明,某些公司还存在着许多长期性的问题,如个人无法有效地完成自己的工作、沟通失灵、无效监督以及其他一些问题。因此,有必要采取系统化的监督和控制,设置管理幅度和管理层次,讲究授权艺术以及进行主管人员的选聘与培训等。但是,这些方面却常常被人们所低估,甚至根本就没有意识到它们的存在。

如果不采取任何措施监督绩效管理系统,那么,随着时间的推移,绩效管理的积极作用就会渐渐地衰退。即使是对于行政主管和参与行政组织绩效系统设计的人来说也是如此。监督也是一种参与活动,它表明了员工及其管理者的意见,对于组织有着重要的价值。监督的核心目的在于改进绩效管理,如果单纯进行评价活动而对所发现的问题不采取任何措施,那么这些活动也就毫无意义了。因此,需要把监督的结果及时反馈给行政主管,以便采取有效的措施。

一、有效的行政监督

随着现代企业管理活动的日益复杂多变,管理过程中出现的问题也越来越多。如果缺乏有效的行政监督管理,企业的经营活动就会失去控制,企业的目标也就会无法实现。

学者马歇尔·E. 狄莫克认为,企业行政监督是企业行政系统对企业内各系统及人员的工作指导，目的是让受指导者知道自己该做什么，如何去做。另一学者凡德色尔则认为，企业行政监督不仅是让被指导者知道做什么和如何做，而且是动员工作人员在最佳情况下协同完成上级指派的任务的一系列活动，这就是有效的行政监督。我们认为，企业行政监督通常是指企业行政监督系统在其职权范围内对企业内部，包括对企业行为和企业人员的监督。对企业行为的监督又包括对企业设立行为和企业经营行为的监督。

对企业人员行使职权的监督范围，按人员构成分，包括对企业主要领导的监督和对下属工作人员的监督；按工作要求分，又包括对行使职权的合法性监督和绩效性监督。

企业行政监督部门对企业内部的监督是工作监督，其主要内容包括合法性监督、合理性监督和对企业人员的监督三个部分。其中，合理性监督是实施监督的主要内容。这些监督行为在高、中、低三个层次上的内容有所不同。企业行政监督的内容主要侧重于对行政指派、行政指导、行政评价和行政过程的监督。

（一）企业行政指派监督

企业行政指派是指根据企业人员的品行、个性、知识结构、工作能力和工作经验等各项条件来分配他们的工作任务。行政指派的合理性直接影响到企业人员的工作情况和企业行政工作的整体效率。

根据行政指派的内容和特点，对行政指派的监督可以从以下几个方面着手：

行政主管是否按照自己的职权和任务制定具体的工作计划和工作分配计划。

行政主管是否定期调查和分析企业机构的内部情况。

行政主管是否定期考察企业人员的各项素质。

行政主管在行政指派时是否考虑到工作的轻重缓急。

第五章
行政绩效管理的构筑

行政主管在行政指派时是否给下级保留了适当的自主权。

行政主管在行政指派时是否做到了人员的最佳组合。

（二）企业行政指导监督

在把工作任务指派给下级部门和人员以后，必须进行适当的指导。行政指导就是指对下级部门及其人员进行的非强制性的、以影响下级部门和人员行为为目的的行政活动。它包括管理性行政指导、协调性行政指导和咨询性行政指导。无论哪种行政指导，都有一个合法性、合理性与责任性的问题。因此，对行政指导的有效性监督，主要包括以下三个方面：

对企业行政指导合法性的监督。

对企业行政指导合理性的监督。

对企业行政指导责任性的监督。

（三）企业行政评价监督

企业行政评价是指对企业各部门及其人员所完成的工作进行考核、评估，通过评价确定奖罚的对象。

企业行政评价的变量涉及以下几个方面：

行政计划和行政目标是否相吻合。

已完成工作的数量和质量是否符合标准。

工作时间进程是否符合行政计划。

工作效率是否符合要求。

工作人员的能力是否胜任各自担负的工作。

行政评价一般采取两种方法，即定性和定量相结合的方法。定性评价主要依靠评价者的感觉、印象和经验来完成，评价的结论具有经验和直观的特点。定量评价是运用数学的方法，通过对有关评价对象的数据的收集、整理、计算和分析，准确地把握完成工作的情况。

对行政评价的监督十分关键，它关系到企业各部门及其人员某一时期内工作成绩的定论，也就直接关系到奖赏和惩处问题。如果对行政评价缺乏应有的监督，可能会造成打击员工工作积极性，致使工作作风不正的结果，这些都会对行政组织的绩效管理工作不利。

行政评价监督的内容涉及以下几个方面：

行政评价是否具有客观标准。

行政评价是否公开。

行政评价是否公正。

行政评价是否坚持了实事求是的原则。

（四）企业行政过程监督

企业行政过程监督，表现在企业行政行为过程之中，是对企业行政过程中正确的行为予以肯定，错误和偏差予以纠正，实现有效控制的过程。这种过程因监督主体不同，解决问题的侧重点不同，各有其特殊性。但是不同监督主体实施过程监督，又有一定的共性，即它们都由相互联系的四个环节组成。这四个环节是：

明确监督标准。

进行监察评估。

实行激励控制。

总结经验教训。

对企业的行政监督系统进行监督，首先要明确监督的制度标准和绩效标准，否则无法进行监督。监察评估不仅要肯定成绩，还要发现偏差，尤其要指出非法与失职行为，从而为实行激励控制提供依据。只有实现了有效的激励和控制，才达到了企业行政监督的主要目的。为了使企业行政工作和监督工作都能不断改善，需要进行两个方面的总结：一方面是企业行政工作的总结，另一方面是企业监督工作的总结。总结不仅要总结成功的经验，而且要总结失败的教训，借以提高行政工作和监

第五章
行政绩效管理的构筑

督工作的水平。正确使用监督过程的四个环节，才能有效地发挥企业行政监督的作用。

二、掌握行政控制的精髓

企业行政控制是企业行政管理的基本职能之一，是企业行政工作的一个重要环节。作为管理对象的企业，有着非常复杂的内部关系和外部联系。行政主管在行政管理的过程中，常常会遇到导致实际的行动与预定的目标发生偏差的各种不确定因素。理解和掌握行政控制的精髓，及时有效地实施控制，保证企业沿着既定方向前进是行政主管责无旁贷的责任与义务，它是行政决策和行政计划得以顺利实施的保障。

（一）行政控制的要点

行政主管在整个企业管理活动中，工作相当繁重，涉及企业的不同层面，因此不可能也没必要对所有成员的所有活动进行控制，但必须在影响工作绩效的众多因素中选择若干关键环节作为重点控制对象。美国通用电器公司关于关键绩效领域的选择或许能为大多数行政主管提供某种启示。

通用电器公司在分析影响和反映企业经营绩效的众多因素的基础上，选择了对企业经营成败起决定作用的八个方面，并为它们建立了相应的控制标准。这八个方面如下：

1．企业的获利能力

通过提供某种商品或服务取得一定的利润，这是任何企业从事经营的直接动机之一，也是衡量企业经营成败的综合标志，通常可用利润与销售额或资金占用量相比较的利润率来表示。

2．企业的市场地位

市场地位是指对企业产品在市场上占有份额的要求。这是反映本企业相对于其他企业的经营实力和竞争能力的一个重要标志。

3．生产率标准

生产率标准可用来衡量企业各种资源的利用效果，通常用单位资源所能生产或提供的产品数量来表示。其中，最重要的是劳动生产率标准。企业资源的利用率在很大程度上取决于劳动生产率。

4．企业产品的领导地位

产品的领导地位通常指产品的技术先进水平和功能完善程度。为了维持企业产品的领导地位，必须定期评估企业产品在质量、成本方面的状况及其在市场上受欢迎的程度。如果达不到标准，就要采取相应的改善措施。

5．企业内部人员发展

企业的长期发展在很大程度上依赖于人员素质的提高。因为人员素质的提高，直接关系到员工个人绩效。要通过人员发展规划的制定和实施，为企业及时供应足够的经过培训的人员，为员工提供成长和发展的机会。

6．企业员工的工作态度

员工的工作态度对企业目前和未来的经营成就有着非常重要的影响。测定员工态度的标准是多方面的，可以通过分析员工对企业的忠诚度、员工对企业的关心程度及员工工作态度的变化等来衡量。如果发现员工工作态度不符合企业的预期，那么任其恶化是非常危险的，企业应采取有效的措施来提高他们在工作或生活上的满足程度，以改变他们的工作态度。

7．承担公共责任

公共责任能否很好地履行关系到企业的社会形象。企业应根据有关部门对公众态度的调查，了解企业的实际社会形象同预期的差异，改善对外政策，提高公众对企业的满意程度。

第五章
行政绩效管理的构筑

8．短期目标与长期目标的平衡

企业目前的生存和未来的发展是相互依存，不可分割的。因此，在制定和实施经营活动计划时，应能统筹长期目标与短期目标的关系，检查各时期的经营成果，分析企业利益与社会收益是否存在影响。

（二）行政控制中行政主管的工作要点

行政主管在实际的行政控制工作中，为使控制工作发挥作用，取得预期的成绩，还应该在自己的工作方式及要求上注意以下几个方面：

1．切合行政主管的实际情况

企业行政控制系统及其信息是为了协助行政主管人员行使其控制职能的。因此，建立控制系统必须符合行政主管人员的情况及其个性，使他们能够理解它，进而信任它并自觉地运用它。

不同的行政主管人员适用不同的控制技术。因为即使是很优秀的行政主管人员，也可能由于专家的某些技术而被"难倒"。

2．确立相关客观标准

管理难免有许多主观因素在内，在凭主观来控制的工作，行政主管人员或下级的个性也许会影响对其的准确判断。但是如能定期地检查过去所拟定的标准和计量规范，并使之符合现在的要求，那么身为行政主管去客观地控制它们的实际执行情况也不会很难。因此，有效的控制工作必须有客观的、准确的和适当的标准。

3．企业行政控制工作的执行要具有灵活性

企业行政控制工作即使是在面临着计划发生了变动、出现了未预见的情况或计划全盘错误的情况下，也应当能发挥它的作用。如果要使控制工作在计划出现失常或预见不到的变动的情况下保持有效的话，那么，所设计的控制系统就要有灵活性。这就要求行政主管在制订计划时，要考虑各种可能的情况并拟订各种可供选择的方案。一般说来，灵活的计划最有利于灵活的控制。但这一要求不适用于在正确计划指导下的工作不当的情况。

4．要讲究经济效益

企业行政控制工作的费用支出很难估计。因为行政主管人员很难了解哪个控制系统是值得的，以及它所花费的费用是多少。所谓经济效益是相对而言的，它随经营业务的重要性及其规模的不同而不同，也随在缺乏控制情况下的花费情况与一个系统能够做出的贡献情况的不同而不同。因而在很大程度上决定了行政主管人员只能在他认为是重要的方面选择一些关键问题来进行控制。如果控制技术和方法能够以最小的费用来探查和阐明偏离计划的实际原因或潜在原因，那么它们就是有效的。

5．企业行政控制工作要有纠正措施

正确的有效的控制系统除了应揭示出哪些环节出了差错、谁应负责外，还应确保能采取适当的纠正措施，否则这个系统就等于名存实亡。

6．提倡全局观念

有一部分行政主管在进行控制工作时，往往从本部门利益出发，只求能正确实现自己局部的目标而忽视了组织目标的实现。因为他们忘记了，组织的总目标是要靠各部门及其成员协调一致的活动才能实现的。所以，对于一个合格的行政主管人员来说，进行控制工作时，不能没有全局观点，要从整体利益出发来实施控制，使各个局部的目标协调一致。

7．要讲求效率

企业行政控制的效率，反映了企业行政控制的成果（目标的实现情况和计划的完成情况）与控制的成本（人力、物力和财力等资源投入）之间的比例关系，它反映出企业行政控制系统的科学性和控制过程的有效性以及控制手段的合理性的程度。

企业行政控制的高效率，来自企业行政主管根据各种不同的影响因素而采取的有效的、相互协调的应对措施。

第五章
行政绩效管理的构筑

三、设置最佳的管理幅度和管理层次

行政主管在对行政组织进行绩效管理的时候,管理幅度和管理层次也是一个重要的工作内容,适当地控制人数和层次,能够更大程度地提高工作效率。

管理幅度是指在某个特定的人直接领导下的下属的人数。对于行政主管来说,管理幅度就是指由他直接管理的行政组织中的人数。实际上,管理幅度越大,管理层次就越少。

传统的观点认为,管理幅度在正式组织的结构设计中意义重大,而且认为管理幅度的人数在5~6人。然而,目前在许多领域,对最理想的管理幅度是多少并没有达成共识。下面将对决定组织管理幅度的一些因素进行论述:

(一)领导风格和激励态度

一个组织适合采用较大的管理幅度的情况是在一个更加民主的工作环境中,鼓励成员的自主性和创造力。而较小的管理幅度常常出现在严密监视、高度集权的组织中,这种组织会抑制和降低成员的工作热情。

(二)变革速率

研究发现,在相对稳定的环境中,变革缓慢的组织可采用较大的管理幅度,尤其是在下属人员的职业教育和岗位培训是完全和有效的情况下。

(三)授权艺术

所授予的权力越大,委派的任务就越明确,而下属从上级处受命所需的时间也越少(上级仍需对其所授权的任务最终负责)。如果一个主管手下的人所从事的是具有广泛意义的类似程序性质的工作,那么,与手下人从事完全不同职业的主管相比，他的管理幅度更大，管的人更多。

（四）有效沟通

如果一个组织内交流系统达到了一个很成熟的程度，就需要减少交流中的含糊不清和误解，缩减做出重大决策的时间，这样才能提高管理幅度。

（五）工作绩效

如果一个主管的经验、个性和正式的职权很重要，管理幅度就可能很大。但是，在同一管理层次中有着不同的管理幅度并不总是人们所希望的事，因为这可能会导致主管之间的不和。

（六）工作量

对下属的管理只是管理工作的一部分，还包括向更上一级的管理者汇报工作。尽管没有增加工作量，但主管的管理幅度加大了。

（七）员工培训

通常受过较好的培训和能力更强的下属可以承担管理幅度较大的管理工作。

（八）效益和费用

管理幅度越大，所需主管就越少；而管理工作越少，所需费用则可能会降低。但是扩大管理幅度的益处会和节约的潜在费用相抵消。

管理层次与管理幅度紧密相连，管理层次是指在金字塔式的组织结构中从顶层到底层的正式的职权级数。在很大程度上，对一个特定的管理幅度的选择将会决定所需的管理层次。例如，如果管理幅度为4，一

第五章
行政绩效管理的构筑

个1000人左右的组织所需要的管理层次为6级；而如果管理幅度为10，那么管理层次为4级就足够了。

四、相互作用的组织形状

管理幅度和管理层次之间的相互关系构成了两种普通组织的形状。

高而窄的组织具有较小的管理幅度和较多的管理层次，而矮而宽的组织则有较大的管理幅度，并相应地具有较少的管理层次。

过多管理层次的组织形式已不适应如今社会的发展趋势了。许多组织觉得应该缩减组织管理顶层和底层间的差距，以确保高层管理人员的思想能直接影响组织中更多的人。这样可以使那些底层人员更加感觉到自己是整体的一部分，组织看上去也更团结。

矮而宽形的组织结构则更有利于决策，因为信息和决策能更快、更准确地相互传达和反馈。

行政主管在日常的管理过程中，为提高下属的工作积极性，提高行政组织的工作效率，就要善于授权。所谓授权，就是指行政主管授予下属一定权力，使其完成任务，但仍由行政主管承担全部责任。被授权人被授予一定的权力并要求承担一定的责任以确保任务能圆满完成，但执行决策的后果仍由授权者承担。

在一次对行政主管的权限范围调查中，几乎所有被调查的行政主管都认为必须充分地向下授权，并且也希望从上级那儿得到更多的授权。但授权也存在着问题。最令人头疼的是信任和管理这两个基本要素。所谓信任，是指下属感受到行政主管对他们的信赖；所谓管理，就是行政主管对下属的工作进行监控。这两个要素是难以兼顾的，一方面，行政主管管理力度的增强将减小下属所能感受到的信任程度；另一方面，行政主管给下属较多的权责以增强下属的信任感，这又可能会导致管理不力。

绩效管理工具

同时，管理需要费用，行政主管对下属工作的监督、检查和管理需要一定的时间和精力，并且要有足够的人力来提供使管理程序得以实施的数据和报表等信息资料。但信任下属能充分承担责任的好处在于，很有可能使收益超过以所列举的那些费用。

信任下属虽然可能增加行政组织的危险程度，但也能降低费用。信任下属使行政主管有较多的时间和精力去做其他工作。如果行政主管信任下属并使其接受这种信任感，那么其下属就会有一种责任感，这样，行政主管除了进行重点管理以外，其他的事务就可以放手交给下属全权负责。从某种意义上讲，这是一种自我控制。

在授权中行政主管依然承担着被授权者的工作后果和责任，因此信任有时会带来危险，即使被授权者不是按照自己选择的方式，而是完全按照授权者的意图来工作，信任也有可能被误用或滥用。这意味着在没有行政主管控制的管理中，行政主管会感到若有所失，并且要随时准备应对最坏的状况。这情形就像在家庭中，父母焦急万分，孩子却出奇地平静。

所以说，行政主管在具体工作中进行授权时，要掌握授权的原则和方法。

整个授权过程包括确定预期成果、委派任务，授予实现这些任务所需的职权以及行使职责，使下属完成这些任务。

授权必须明确，虽然有时职权的授予可以是具体的，也可以是一般的；可以是书面的，也可以是口头的。具体的书面授权，能使接受职权的人员明确区分上下级和平级关系，哪些职责是其应该承担的责任。

要想增强下属的自信心、锻炼下属的能力，并赢得下属的信任与尊重，只有权责对等、任务明确。一般来说，规范的授权行为要做到如下几点：

给予下属适当的培训和指导，帮助其熟练掌握工作。

赋予下属较大的自由度，允许其自由决定工作绩效并承担相应责任。

第五章
行政绩效管理的构筑

为下属提供成功的工作样板，使其有章可循。

适当对下属的工作加以称赞和鼓励，以提高其自信心。

给予充分的情感支持，以减轻下属的压力和焦虑感。

而行政主管在授权过程中，最难掌握的也是最为关键的，就是适度授权。而合理的适度授权则需要遵循以下原则：

一是权责明确原则。

行政主管授予下属的权责要有明确的规定并公布于众。

二是不越级授权原则。

授权只能是直接行政主管授予，不能越级授予。

三是保持有效控制原则。

行政主管要通过制定明确的工作准则、考核制度、报告制度与监督办法，对下属的工作结果加以控制。

四是权宜应变原则。

行政主管向下属授权的程度要依组织的性质、规模、控制方法以及下属能力的情况而变化。

适度授权主要取决于组织环境、组织所面临的风险、下属的工作能力、行政主管的工作性质和工作量以及来自上面的压力，是信任和管理的合理组合。实际上，上级领导应对那些对达成组织目标起着决定作用的重要工作进行管理。这包括目标的确定、决策方案的选择（不仅仅是信息的收集）、主要人员的配置和奖励、管理机制的建立和监督。授予任务却允许更多的个人权利及与其相关的利益。如果授权适度，决策可以及时有效地执行，个人可以按其能力和工作成绩获得薪金。

五、行政主管的选聘与培训

火车跑得快，全靠车头带。在这一点上，现代管理大师德鲁克有其精辟的见解。

绩效
管理工具

在德鲁克的眼中，管理人及管理活动处在企业运行的核心地位。他说，管理人在任何一个企业中都是一个使企业生气蓬勃的因素。没有管理人的领导，"生产资源"就只是资源，永远也不会变成生产。在竞争性的经济中，一个企业的成败是由管理人的素质及其工作所决定的，或者说是管理人决定着一个企业的存亡。可见，一个优秀的行政主管对一个行政组织的绩效管理是至关重要的。

（一）行政主管的选聘

为了获得优秀的行政主管人员来充实行政组织中的职位，就必须进行选聘。那么行政主管人员应具备什么样的条件呢？总体说来，行政主管人员应该德才兼备，符合知识化、专业化、年轻化的要求。具体说来，就是要看候选人是否具有管理愿望，是否具有管理能力。

成功地履行管理职能，最基本的要求就是具有强烈的管理愿望。一个行政主管人员良好的工作成效和他通过下属的协同努力而达到目标的强烈愿望之间，有着密切的联系。所谓管理愿望就是指人们希望从事管理的主观要求。所以负责选拔的主管人员必须摸清候选人之所以想从事管理工作的真正理由。有些人想从事管理，是因为他们具有远大的抱负，具有吃苦耐劳、不达目的誓不罢休的坚强毅力，他的管理愿望是建立在对环境的细致分析、对管理工作性质的透彻理解和对自己的能力充分自信的基础上的，是为了组织目标贡献自己的才能。这就是我们所指的强烈的管理愿望。具有这样的管理愿望的人才，才是企业所要寻找的行政主管。

管理能力就是指完成管理活动的本领。由于管理能力是在实践中形成和发展起来的，因此，我们在以是否具有管理能力这一标准来选拔主管人员时，就必须从主管人员在工作中认识问题、分析问题以及综合处理问题时表现出来的管理能力来评价他。贝尔电话公司前任经理巴纳德认为，为使主管人员能理解一个复杂的组织机构的各个方面，能分析各组织之间正式的相互关系，把技术、经济、财务、社会以及法律等学识

第五章
行政绩效管理的构筑

恰当地结合起来，把这些问题向别人解释清楚，这就要求他要有精确的识别、分类、逻辑推理能力，这一点是不言自明的。

1．选聘方式及程序

选聘行政主管人员的方式，可考虑从内部提升，也可考虑从外部招聘。但不管是从内部提升还是从外部招聘，都要鼓励公开竞争。

当明确了行政组织所需要填补空缺的行政主管人员的数量和标准，并制定了选聘的政策后，就要实施选聘了。选聘可在组织内由各级负责人员配备的主管人员和部门进行，亦可委托组织外机构或专家对候选人进行评价。

选聘的程序基本上是一套获得候选人有关资料的方法。这套程序包括哪些步骤，应视组织的规模和重要性，以及空缺职务的性质和要求而定。同时还要考虑这些步骤的时间、费用、实际意义和难易因素。

选聘行政主管时，选聘标准、程序要适当，负责选聘的人员素质要高。

2．候选人的考虑条件

关于候选人本身的考虑条件，有其潜质、学历和年龄三个方面：

（1）潜在能力。一般来说，一个人在现有职务中表现出的才能的高低，是衡量他能否被提升的最好依据。所以，在选聘主管人员时不仅要看他有无能力、成就如何，更重要的是看他有无胜任更高一级工作的潜能。只有这样，才能避免那种"提升过头"的危险，也不至于浪费人才。

（2）文凭与水平的关系要分清。在凭知识谋生的社会中，文凭代表了一个人的知识水平，也表明了一个人应该具有的能力水平，但并不表示一个人的实际工作能力。选聘行政主管人员的标准，是要看候选人的实际工作绩效。因此，在选聘主管人员时，要以实际工作的能力水平为主，既要看文凭又要看水平。

（3）要敢于起用年轻人。年轻人易于接受和消化新知识、新思想，思维敏捷，精力旺盛，勇于创新。只要条件适当，他们就能取得良好的工作绩效。

（二）行政主管的培训

行政主管培训的目的在于提高行政主管人员的政治素质、业务水平和管理能力，以适应外界环境的变化和行政组织的发展，保证组织目标的实现。一个组织有无足够的主管人员，以及主管人员管理水平的高低，是组织活动成败的关键。"在生产产品之前要挑选出人才"，这是松下电气公司在培训人才方面的指导思想。其总经理在谈到这一问题时说："生产产品是重要，但是为了生产产品之前需要做些什么呢？这就是需要人，并且是有正确思想方法的人。这样，为了生产出重要的产品，首先就要在怎样培养人才的问题上动脑筋。只有这样做了之后，我们的理想才能实现。"

行政主管的培训内容，不外乎政治素质、业务知识和管理能力三项内容。下面分别予以描述：

1．政治素质

不能简单地认为行政主管人员的培训就是业务知识和管理能力的培训这两方面的内容，培训的内容还应包括政治素质。作为一个行政主管人员，如果没有良好的政治素质，就不会有正确的管理指导思想，就不可能从全局的利益出发看问题。

2．业务知识

作为一个行政主管人员，没有广博的知识是不可能搞好管理的。但管理学是一门介于社会科学和自然科学两者之间的交叉学科（或边缘科学），并且由于现代科学技术的发展，又产生了许多新的学科和交叉学科，而要求行政主管人员了解这么多的学科以及发展中出现的许多新理论、新观点、新技术、新方法是不现实的。我们这里指的业务知识，主要指与组织业务活动有关的管理知识和科学技术知识。因此，组织在进行行政主管人员培训时，重点内容应是管理学的基本原理和方法，同时还要涉及其他有关学科。

第五章
行政绩效管理的构筑

3．管理能力

管理能力的培训是使主管人员将其所学到的管理知识在实践中加以应用提高。应着重培养他们如何从管理学的基本原理出发，运用各种管理方法，培训他们在实际工作中系统地分析问题、认识问题、随机制宜地解决问题的综合管理能力。

由于管理活动的一个很重要的特征是实践性，所以组织培训主管人员时的重点就是提高实际管理能力。

美国管理学家卡茨认为，一个优秀的行政主管人员至少应具备三大基本技能，即技术技能、人事技能和概念技能（综合技能）。技术技能是指行政主管人员通晓和熟悉某种专业活动；人事技能是指行政主管人员做好本职工作并带领下属人员一起发挥合作精神的能力；概念技能是指系统的全面管理的技能。

※ 行政组织的优化设计

一、组织设计的目标

组织设计相互关联的三个目标称为基本目标，包括控制、联系和创造。除了基本目标外，还有三个次目标，即承诺、协调、竞争。在绩效管理中，目标一致（即基本目标与次目标都将有助于组织目标的实现）是绩效管理工作的前提。

（一）组织设计的三个基本目标

1．控制

高度控制组织成员的活动和行为。对某些组织来说，高度的控制对完成组织总体目标至关重要。控制是这类组织设计的基本目标。

2．联系

提供联系顾客特别是供应商的有效界面。那些通过提供质量优越的产品或服务来寻求获得竞争优势的组织，首先要考虑这一目标。

3．创造

创建一个使创造和革新能够在其中蓬勃发展的环境。毫无疑问，这是所有从事创造性工作的企业组织设计的基本目标。

然而，除了基本目标外，组织设计还要考虑三个进一步的次级目标，它们将有助于基本目标的实现。

（二）组织设计的三个次目标

1．承诺

除了那些纯粹高压型的组织，如果没有组织成员对组织及其目标有一定程度的承诺，那么组织将很难有所成就。只有当承诺的总体水平比较高时，组织才可能表现卓越。

2．协调

在复杂组织的整个结构中，如果没有不同部门的协调与合作，组织结构就会有很大的局限性。对协调的需要必须在设计过程中就要考虑到，而不能留待以后单独进行。

3．竞争

确保组织有完成其任务的必备能力。

二、组织优化设计的原则及规范

面对多变的环境，组织必须做出相应的变革，而这种变革必须在组织设计原则上反映出来。

一个优秀的行政主管，不仅要把组织的优化设计与企业目标联系

第五章
行政绩效管理的构筑

起来,更要与当前的社会环境联系起来。例如,随着经济的全球化,技术变革在全球传播的速度也越来越快;消费者对于商品价值也越来越注重;竞争越来越激烈且方式多样;知识成为所有资源中最为关键的核心资源。因此,结合上述环境变化的基本趋势,行政组织的优化设计应遵循以下一些基本原则:

(一)以核心能力为中心

组织的结构要有利于核心能力(独特的、很难模仿的、无法替代的能力)的获取与保持,要有利于核心能力在竞争中发挥其作用。在组织与其外界进行信息交流、建立知识联盟等具体运作中,要以核心能力为中心。

(二)组织灵活性

竞争就是优胜劣汰。当环境发生变化时,任何组织如果不能及时做出反应,最终的结果就只能是被无情地淘汰。因此,现代组织必须具有应对变化的灵活反应能力。

(三)知识价值最大化

组织设计必须考虑知识的价值能否有效地实现,能否将知识的潜能最大限度地发挥出来,因为在这里知识已经成为组织运作的最关键资源。因此,知识价值最大化应该是组织设计的一个重要原则。事实上,从某种意义上来说,组织管理的主要目标之一就是要实现知识价值的最大化。

(四)最少层次原则

传统组织的层级多,组织内部信息传递慢、信息失真,组织对环境变化的反应速度慢,组织运作效率低。因此,组织的设计应遵循最少层次原则,即尽可能减少层次,以实现组织的高效运作,并有利于推动组织内的各种创新活动。最典型的减少层级制的组织为矩阵型组织结构。

(五)组织可塑性

任何组织都有其相对稳定的结构,但传统组织的问题之一是其结构及过程过于稳定而缺乏可塑性。优化组织设计的目的就是使组织结构及过程能随不断变化的战略轻松自如地重塑和统一。组织可塑性强调的是组织内部结构调整的灵活性。

任何一种组织结构,都必须适应某些特定的要求,都必须符合一些基本条件。凡属组织结构,都不外是一种"形态",因此都必有其"形态上的规范"。

组织结构"形态上的规范"具体阐述如下:

1.明确

所谓"明确",可不仅仅表示"简单"的意思。有些结构诚然是够简单了,但却不够明确;而有些结构看起来好像相当复杂了,其实却是明确的结构。

组织中的每一个管理单位及每一位个人,尤其是每一位主管,均必须认清其归属于何处;必须认清其所处的地位;必须认清应从什么地方取得所需的情报,取得其所需的合作,取得其所需的决策及如何取得其所需的情报,如何合作与决策。

一种组织结构若没有一份明确详尽的组织手册,那么组织里的人员将无法了解其归属何处,无法了解其应走向何处,也无法了解其处于何处。这样组织就会产生摩擦,不仅浪费时间,还容易引起纷争和遭遇挫折,延误决策时机。这样的组织,不但不是一种助力,反而将是一种阻力。

2.经济

在任何一个组织中,总不免需要花点时间和精力于"对内"上,用

第五章
行政绩效管理的构筑

来保持组织的作业顺畅与情况正常。这时，所做的"投入"越少，组织越经济，绩效也就越高。

组织所需的管制、监督及引导有关人员的执行，必须用力最少。一种组织结构必须能促成人的"自我管制"，必须能促成人的"自我激励"。一种组织结构必须能以最少的人力，尤其是必须能以最少的"高绩效"的人力，花费其最少的精力与时间，来保持企业的运转。换言之，必须能以最少的人力来用于"管理"，用于"组织"，用于"内部控制"，用于"内部联系"，及用于处理"人员问题"。

3．眼光

一种组织结构必须能指引其员工的眼光，必须能指引其管理部门的眼光投向于绩效，而不是投向于"埋头努力"。换言之，一种组织结构必须能指引眼光投向于成果，投向于整个机构的绩效。绩效是一切业务所追求的目的。

一种组织结构如果误将眼光指引于错误的绩效，鼓励其管理人只注意到过去的旧的产品和业务、容易的产品和业务、已令人生厌的产品和业务，忽略了新的、成长中的，也许是较难的产品和业务；鼓励其管理人固执于无利的产品和业务，而将有利的产品和业务拖曳在后，那么它只能算是一个"死"结构。简单地说，一种组织结构应能激发"为成果而工作"的意愿和能力，而非激发"为工作而工作"的意愿和能力；应能激发"为未来而工作"的意愿和能力，而非激发"为过去成就而陶醉"的意愿和能力；应能激发"为增强实力而奋斗"的意愿和能力，而非激发"为求组织的虚胖而奋斗"的意愿和能力。

4．任务

组织结构应能促使其每一位成员，尤其是每一位管理人员，了解其本身的任务；也应能促使其每一个管理单位了解其本身的任务。

除了明确个人的任务之外，组织结构还必须能够明确"共同的任务"，明确整个组织的任务。组织中的每一成员，均必须确切明了其个人本身的任务应如何配合整个组织的任务；也必须确切明了整个组织的任务对于其个人本身有什么意义。只有这样，组织中每一成员的努力才能配合整个组织的共同利益。因此，组织结构必须能够使联系顺畅，而不能使联系受阻。

5．决策

优秀、高效的组织设计必须经得起决策程序的考验，考验其是阻滞决策还是帮助决策。一种组织结构倘使具有一种"决策上推"的力量，将决策向上推移到组织的上层，而非将决策尽可能向下推移到组织的下层，那么这种组织结构便是阻碍决策的组织结构；便是无法显示出关键性课题的组织结构；便是易于陷入重视不当的课题的组织结构。

（六）稳定性及适应性

所谓"稳定"，并不是刚性不变的意思。恰恰相反，组织结构必须具有高度的"适应性"。一个完全刚性的结构，往往不能稳定，极其脆弱。组织结构只有能够随时调整自己，以适应新的情况，以适应新的要求，以适应新的条件——同时也是为了适应新的面孔和新的成员，才能够继续生存。因此，适应性实为组织的一大主要需求。

组织必须具有相当程度的稳定性。纵然组织以外的世界已陷于一团混乱了，组织本身仍然能履行其工作。组织必须能够以昨天的绩效和成就为基础，从事其本身的建设。组织必须能够规划自身的未来，必须能够规划自身的发展。

（七）稳固性与自行更新

组织必须能够"稳固"，也必须能够"自行更新"。在这两项需求之下，还有其他条件：

对于一个优秀的组织来说，组织结构必须使其每一位在职人员均能有所"学习"和有所"发展"。一种组织结构，必须具有从其内部产生

第五章
行政绩效管理的构筑

未来领导人的能力。为此，有一种最低的要求是，管理层次的划分不宜太多，以使一位25岁的青年初入公司，爬上了公司的升迁梯阶并达到相当高度时，仍能相当年轻，且足以担当大任。组织结构的设计，必须给人以持续学习的机会。

组织结构还必须接触新的观念，还必须具有执行新工作的意愿与能力。组织的"自行更新"，要求是组织结构能培养与考验每一个阶层的员工，并使其能进入上一个阶层，尤其是应能培养与考验基层与中层管理人，以使其能进入高层。

三、组织设计的新挑战

行政主管在进行行政组织设计创新时，要认识到外界环境的新变化，即新的组织形式目前正在出现并受到检验。这是对业务环境中潜在趋势所引起的挑战的回应。

组织设计面临的新挑战主要是：

信息爆炸和信息技术。

增加的混乱，日益强化的竞争。

复杂和相互依赖。

价值观新体系。

以信息为基础的组织是扁平的，它具有比传统组织少得多的管理层次。Sun公司的管理层结构只有三个层次：总裁、副总裁兼事业部长和工程师。美国SEI公司在1993年取消了全部秘书建制，削减了中层管理人员的数量，最高管理层的管理人员的控制幅度增加到20人左右。联邦运通公司从公司董事长到最低一级职员之间总共只有五个管理层次。

经济学家安金森曾提出了三种重要类型的弹性设计：职能弹性、数字弹性、财务弹性。

职能弹性，即在企业活动的特点和组合发生变化时，迅速而顺利地重新部署任务和员工的能力。例如，在电子、机械和其他技术系统间转移多技能员工；将技术工人转到维护工作上；将管理人员重新部署到顾客服务和营销职能部门，等等。在组织内部的运作中，这种变革的趋势之一是用市场机制代替层级制的行政机制。

数字弹性，即迅速扩大或缩小人员规模，但不影响同解雇工人和人员冗余相联系的财务和社会成本。理想目标就是随时在组织可获得的人员数量和需要的人员数量之间实现完美的匹配。即设计一种组织的新模式，在这种模式里，传统的雇佣观点被抛弃了，而是按照组织活动的不同方面和不同的工人种类采取非常不同的雇佣政策。

只有少数人员拥有持久和稳定的雇佣，这些人员拥有企业核心技能并且从事着被视为组织首要任务的工作。这个核心团体具有一定程度的职能弹性并适应不断变化的营业条件。这种核心团体一般由经理、科学家、设计师、技术人员或营销和销售人员组成。

财务弹性，即适应市场条件，包括成本上的竞争压力、关键技能的短缺以及地方劳动市场特点方面的变化而迅速调整工资成本的能力。

对一个企业而言，企业价值观是当绝大多数成员的价值观趋于一致时形成的。企业价值观是企业推崇和信奉的基本行为准则，是企业进行价值评价、决定价值取向的内在依据。成功的企业都很注重企业价值观的塑造。

世界机构研究中心总裁豪沃·波姆特认为企业的价值体系应包括以下几个方面：

对人的关心与效率和国际竞争力相一致。

通过承担社会责任实现的对合法性的关心来平衡对财富创造和利润的关心。

小企业能够在大企业的环境中生存并繁荣。

通过选择性增长和再生资源的发现来平衡对环境和非再生资源的关系。

第五章
行政绩效管理的构筑

一个较大范围的技术可以在源于对后果的顾虑而形成的限制环境内创造出来并得以应用。

多层次参与和企业创新能促使组织朝着集权化趋势发展。

社区公众和个人的自我依赖可以通过合作和合伙得以平衡。

生活的数量和生活的质量可以在一个人口依然增长的世界里得以平衡。

责任的接受可以调和权利和机遇。

国内和国际混乱可以通过代替意识形态对抗的以及注重实效的一起合作得以减少。

四、企业行政组织的创新

德鲁克指出:"现代组织的组成是为了创新,而且现代组织必须将一切旧有的、习惯的、熟悉的和舒适的东西,进行系统化的摒弃,不管它们是一件产品、一种服务、一个过程、一种技术,或是人和社会的关系,或是组织本身。简而言之,现代组织必须适应持续不断的变化。"由于现代组织所面临的是巨变的环境,为适应环境的持续不断的变化,组织就必须做出反应,其基本对策之一就是要经常推行各种变革,要不遗余力地推动创新。所以,行政主管在进行企业行政组织创新、在创建一个高效行政组织的时候,其很大程度上的工作都是针对组织管理的,是在原有的基础上进行行政创新而得到的。

对于组织的创新,有两种理想的类型:机械的,即等级化、命令式;规范的、有机的,即避免精确的工作分工或交流渠道,寻找灵活性和开创性,鼓励为组织的总体目标努力而不是服从命令。创新层次越来越高,组织环境变动如此之快,要求适应性非常重要,在这种情况下,有机类型是最好的选择。创新人员在行政主管的有效组织之下必须要得到一个宽广的信息并频繁地在不同学科和不同职能间轮换,特别应根据技术可能性的需要,同市场机会和生产经济性联结在一起;"低控制高协作"的"有机"组织有利于创新。一个高效的行政组织的创新,必须是渗透在企业组织管理中的方方面面,概括为结构、系统、计划、技能、文化和协调中。

(一)行政组织创新中的结构

企业的组织结构形式,随着社会生产和经济的发展变化而不断演变,同样,行政组织也是如此。对于企业来说,最先进、最流行的组织结构并不一定就是企业最适合的类型。以下是几种比较典型的企业行政组织结构形式:

1.直线型行政组织结构

它是最简单的一种组织结构类型。它将企业的最高管理者到最基层的员工按直线上下排列起来。对每一层的员工而言,他们只接受自己上级直线管理者的领导,并对上级负责。而上级对下级则拥有经营所需要的所有职权。

随着企业规模的扩大和技术水平的提高,这种行政组织结构必将为其他的行政组织结构所取代。

2.职能型行政组织结构

职能型行政组织结构可以设计成为分立的工作部,每个部又包括开发、生产、财务和行政等部门,各个工作部内跨职能的协调能力较强。在一个涉及各个部门的问题得到解决之前,职能型结构总是将决策压向高层。

3.直线参谋型行政组织结构

这种组织结构充分汲取了职能型组织结构的教训,以避免形成多头管理。在实践上,它设置了两套组织系统:一套是根据命令统一的原则所建立的直线系统;另一套则是根据专业化的要求所建立的职能系统。但与职能型行政组织结构不同的是,只有直线系统才对下级的工作有指挥和管理权,职能系统的作用是给直线行政主管提供参考意见。直线行

第五章
行政绩效管理的构筑

政主管对自己的下属负有全部责任，而职能部门则对此不负责任。

4．直线职能参谋型行政组织结构

这种形式是在直线参谋型结构基础上发展起来的。在直线参谋结构中，职能部门发挥的仅仅是参谋作用，为了改变这种状况，提高职能部门人员的积极性和专业化分工的效率，企业行政主管在坚持直线指挥的前提条件下，授予职能部门一定范围内的某些职权。在直线职能参谋型结构形式中，行政主管对业务部门和职能部门均实行直线式管理，而各层次直线管理者在本部门内对下属具有指挥的权力，并对此负责；而职能部门则可以在行政主管授权的一定范围内，对下属行使指挥权。

这种直线职能参谋型的行政组织结构是一种符合专业化分工要求的、将集权和分权紧密结合的组织形式。它在保持直线行政主管相对统一的指挥的基础上，授予职能部门一定的权力，以发挥职能部门人员的积极性，充分利用其职能和技术优势，提高专业化工作的效率，这样可以充分克服行政主管在专业知识和能力方面的某些不足。

因为这种组织结构所显示出来的种种优点，因而其在实践中的运用比较广泛，在中型企业中采用这种行政组织结构类型的非常多。

5．事业部式行政组织结构

事业部式行政组织结构有时也称为工作部式行政组织结构。通过这种结构可以针对单个产品、服务、产品组合、主要工作或项目、地理分布、商务或利润中心来组织事业部。事业部式行政组织结构的显著特点是基于组织产出的组合。

事业部式行政组织结构模式在获得跨部门协调方面效率极佳。当环境不确定、技术又是非例行，需要部门间相互依存时，事业部式结构是最合适的。

6．矩阵式行政组织结构

规划—目标结构是矩阵式组织结构的另一种形象名称。它是在直线职能制基础上，增加一些横向部门即项目小组，使同一小组的成员既与原来的职能部门保持组织上与业务上的垂直联系,又与项目小组保持横向联系,形成矩阵结构。矩阵式行政组织结构形式是固定的,但项目小组随任务的改变而变动,完成某项工作任务后该项目小组解散,其成员回到原职能部门工作。

这种行政组织结构灵活性和适应性强,有利于横向的沟通和协调,有利于发挥小组专家的创造力,目标和责任明确,工作效率高,但稳定性较差。因项目小组受双重领导,易产生互相推诿的现象。项目小组负责人既要懂技术,又要有管理才能。

行政主管在执行组织创新中的组织结构建设过程中,应根据本企业的具体的实际情况,选择一种适合于本企业的组织结构形式,在原有的基础上进行创新,创造出一种高效的组织结构形式。

(二)行政组织创新中的系统

所有组织都需要系统,行政组织也不例外,可采用基于网络的电子化运作或其他系统来帮助行政组织。创新型企业的经验表明,某些精心挑选和设计的系统(特别是项目管理系统)是适宜的,在广泛使用前所未有的系统前必须在小规模的范围内进行测试,并在广泛咨询的基础上进行开发。

全球能源公司是世界最大的公司之一,对石化燃料(石油、天然气、煤)进行勘探、挖掘、运输和处理,并在世界各个国家销售和推广其产品。它的经营规模非常巨大,在进行创新时,其效率是非常明显的。

公司采用分散式组织结构,其下属的900个经营子公司由外延的网络系统联结在一起,并有一个总部、一个公司的中心研究所、一个非常强大的财务报表系统。公司在进行组织系统设计时,努力建立一个杰出的内部交流系统,在非常大的范围内获取、交换技术和贸易信息。利用战略规划将分散的经营联结在一起,它紧密联系运营经理,并帮助他们

第五章

行政绩效管理的构筑

为不确定的未来做准备的方式制定系统。人员在整个公司中轮换，大多数人在公司中有长期的职位，并有外加的正式培训。通过公司内部网络系统的运用和团队工作，发现问题并寻求解决方案的方式是很有价值的。

在创新组织的系统设计方面，全球能源公司以其独特的系统集成和网络化而闻名于世。这对行政主管在对行政组织的系统进行创新的时候，具有很好的借鉴作用。

（三）行政组织创新中的计划

从传统的观念来看，计划是创新的对头。实际上，进行优势和劣势、机会和风险分析的计划恰恰能增进创新。特别适合于创新型组织的计划有以下两种：

前景构造型，是将发展与内外部环境一致的过程。

有序学习及为将来做有序准备型，是组织集体智慧发展成为一种更广泛的、可能实现的一种方案。

计划可以通过"发现"或"行动"来实施（由达福特和维克于1984年提出）。"发现"是假定组织的环境是可分析的，一系列的活动应经过跟其他活动的精心比较后才能选择。而"行动"是看一种想法是否能运作好，如果能就选择它，否则就再尝试。

行政主管在做计划时，可综合考虑各方面的内容及因素，主要包括目标、机构、人、财、物、步骤、时间等。因此，行政计划的一般内容概括为"5W1H"，即：

What：达成目标的行动是什么？

Why：为什么要采取这些行动？

When：何时完成这些行动？

Who：由谁负责实施？受谁领导和指挥谁？

Where：何处、何部门实施这一计划？由何处得到配合？

绩效
管理工具

How：怎样实施这一计划？

一个高效的组织离不开科学、切实可行的行政计划，行政主管在制订计划的过程中必须遵循如下基本原则：

1．员工参与、上下结合

一个高效计划的产生，必须建立在广泛民主的基础上，充分听取员工及各方面专家的意见，实行主管与员工相结合、上级与下级相结合，这是计划科学性的重要组织保障。

2．积极进取、留有余地

只有积极进取，才能充分挖掘潜力，起到动员和鼓舞的作用。但积极进取不等于去办力所不及的事，脱离实际、急于求成，只能欲速而不达，造成巨大的浪费和损失。因此，制订计划时应既考虑已有的基础和条件，又估计到面临的问题和困难，既积极进取，又留有余地，以备必要时可以进行周转、调节，不至于临时被动。

3．突出重点、统筹兼顾

抓住重点，往往可以事半功倍。因此，制订行政计划时要注意分清主次轻重，抓准抓好重点，人力、物力和财力等方面予以保证。同时，统筹兼顾、全面安排，协调好行政管理各领域、各层次、各部门和各环节以及各类计划的关系，注重计划体系整体效能的发挥。

另外，行政计划的制订必须力求具体、详尽，尽可能量化，特别是激励性计划更应如此。很多研究已经证明，激励性计划与组织绩效的提升之间存在一种可计量的关系。一项由纽约股票交易所主持的对员工人数超过500人的企业的调查显示，推行利润分享计划的企业中有70%认为，这些计划提高了生产率。在制造业中，采用激励计划之后，生产率通常会提高20%。当然，生产率的提高不仅限于产品制造行业，当激励计划与组织目标相联系时，服务性组织、非营利组织和政府机构也同样大大提高了效率。

但是，由于以下原因，激励计划并非总能提高企业的绩效。

第五章
行政绩效管理的构筑

激励计划有时不能满足员工的需求，激励计划要取得成功，员工必须对此计划有一定的需求。

管理部门对激励计划的设计与实施未能给予足够的重视。

除此之外，激励计划的成功还有赖于企业的氛围。激励计划在士气高昂、员工认为他们被公平对待、员工与管理部门的关系比较和谐时才能产生积极的效果。

五、行政组织创新中的人员

一个有创意的组织必须能吸引、保持和激励人们去扮演一些有助于创新的角色，对他们的成功给予报酬。所以说，行政主管应该考虑到大多数创新是由一个团队完成的，故需要一个公平的方式。行政组织必须及时更新人员技能，适宜地加以部署，促进个人在其职业发展中完成不同的角色，从而完成行政组织的创新。创新型组织中有五种角色是特别需要的：思想产生者、企业家和拥护者、项目负责人、桥梁人物（指需要也能够通过网络和边界拓展能力与外界沟通的人）、指导或资助者（通常是指有经验和高级别的人）。一些角色需要多人来承担（比如，思想产生者），一些人可以同时扮演两个或更多的角色。人们在其职业生涯中，可以变换他们的角色。

有充足证据表明：行政组织创新中以人为本，对提高生产率很有帮助。非管理人员对提高工作和组织绩效可以起到很大的作用。通过人提高生产率要建立协作和自理的组织氛围，提倡"每个工人都是一名管理者"的观念和发展自我管理工作小组或质量小组这类解决问题的群体。

另外，提高生产率和改善个人工作绩效所需的管理要求和必要的机制一定要到位。

解决行政组织中的人的绩效问题，重要的是区分不良表现，确定原因，从而制定改进战略。

（一）行政组织创新中的技能

圣吉于1990年描述了在学习型组织中必须拥有的五种技能，即系统思考、自我超越、心智模式、共同愿景和团体学习。这些技能大多数跟哈博墨斯于1984年所说的"交流能力"有关，它是指客观地交流现实、开放性地和诚实地交流个人感情。行政主管在组织创新时必须认识到技术技能对创新也是必要的，它不仅指有关智力的，也指在多数渐进性创新中所依赖的工艺技能，这也是德国产业取得成功的原因。

（二）行政组织创新中的文化

一种特定的文化，或者说是一种"强烈"的企业文化，即"强势文化"，有利于校正原有的目标，并赋予员工更大的工作动力，也更有利于汲取过去的经验和教训。"强势文化"是以和谐性、一致性和明确性为特征的。根据整体研究，组织所信奉的价值观通常是由高层管理人员建立的，并且常常是以管理哲学或使命说明的形式出现的，然后组织又通过各种各样的外在文化使这种价值观得以体现，最终强化了这种价值观。而这一过程必然会导致整个组织对该价值观的一致认同，在这种条件下，行政组织的文化也就应运而生了。行政主管及其下属更清楚地知道自己应该做什么，同时也认同这样做的价值所在。

对于行政主管来说更是如此，他们希望能够创造一种愿景，并建立一个可以形成这种一致性的文化氛围。

行政主管在文化与组织的绩效认识上，更注意以下几个方面的内容：

组织有其自身的文化。

如果能建立一种适当的"强势文化"，组织就会更富有效率。

这种文化可能产生一致性、统一性，并激励员工。

在必要的时候，文化可以而且也应该是变化的。

变革现有的文化是高层管理人员的责任。

为了不断增强行政组织的效能，应该对行政组织的文化进行评估、管理、巩固和操作，必须对员工行为准则、信仰和价值观进行调整，使他们在特定的条件下采取正确的行动，致力于行政组织的建设，支持组织的管理和战略。行政主管要致力于使组织文化成为行政组织成员所共有的准则和信仰，这样有利于产生组织内部的一致性，形成组织内部的团结，并在适当的条件下产生适当的行为，而文化可以使行政组织内部达成高度的统一。

六、行政组织创新中的协调

企业行政部门作为一个综合部门，具有联系上下、沟通左右的枢纽和桥梁作用，是参与管理、辅助决策的参谋和助手。这种特殊地位决定了企业行政部门实际上就是协调部门。同时，行政协调活动也就是连续的相互沟通过程。高效能的行政活动依赖于行政工作中人与人之间、人与组织之间、组织与组织之间的有效沟通。只有通过沟通，行政活动才能顺利进行，协调目标才能达到。

行政管理体系担负着企业的管理工作，行政管理体系推动和保证着企业的技术（设计）、生产（施工）、资金（财务）、经营（销售）、发展（开发）几大块业务的顺利、有效进行和相互之间的协调。

企业行政协调是指调整企业与外部环境之间、企业内部的各部门之间、人员与人员之间的相互关系，使之分工合作、相互配合、协调一致，成功地实现企业总体目标的行为。

企业行政协调是企业行政管理的重要职能之一，它与企业行政决策、企业行政公关、企业行政组织、企业行政领导指挥、企业行政控制等共同构成完整的企业行政运作过程。在企业行政管理实践中，无论是

绩效
管理工具

高层管理,还是中层管理和基层管理;无论是企业的决策、公关,还是指挥和控制,都需要企业行政协调。可以说,企业行政协调既涉及企业行政管理的各个方面,又贯穿于企业行政管理的整个过程。

接下来,简要介绍下企业行政协调艺术,包括以下几个方面:

行政协调的层面定位。按照分级负责的管理原则,对协调对象划分层次,将需要协调的进行差别分类,建立协调工作规章制度。

行政协调的角色把握。设身处地为服务对象考虑,深入调查研究,广泛听取意见,运用语言艺术进行有效协调。

行政协调的关系处理。处理好内部关系和外部关系,内部协调主要处理好员工关系、股东关系;外部协调主要运用公共关系学,列出"公共关系表""业务关系表",及时发现问题,分析研究问题,主动进行协调处理。

行政协调的矛盾调和。通过协调,使被协调方达成共识,采取一致的行动,这是协调所要达到的最终目的。

行政协调的时效运用。应根据事项的轻重缓急,采取灵活的处置方法。特别是对突发事件,要马上进行协调,避免对企业造成不良的影响。

※ 学习型组织的建立

在全球性经济的今天,随着竞争的加剧,组织的结构也随之发生了根本性变化,行政主管必须清楚地认识到这一点。知识的加速更新,新技术的不断出现,都促使行政主管不得不在创新行政组织设计时考虑这一问题:怎样有效地促进组织学习?怎样去创建一个学习型行政组织?

第五章
行政绩效管理的构筑

一、学习型组织的提出

学习型组织的绩效与学习型组织的员工理念、价值体系、组织思考是分不开的。

学习型组织不存在单一的模型。学习型组织是关于组织的概念和员工作用的一种态度或理念。学习型组织是用一种新的思维方式对组织进行的思考。

学习型组织的基本价值在于解决问题,与之相对的传统组织设计的着眼点是效率。在学习型组织中,每个人都要参与识别和解决问题,使组织能够进行不断的尝试,改善和提高它的能力。在学习型组织内,员工参加问题的识别,这意味着要懂得顾客的需要。员工还要解决问题,这意味着要以一种独特的方式将一切综合起来考虑以满足顾客的需要。组织因此通过确定新的需要并满足这些需要来提高其价值。它常常是通过新的观念和信息而不是物质的产品来实现价值的提高。所以当生产出物质产品时,观念和信息仍然提供竞争的优势。

谈到学习型组织,就不得不谈到麻省理工学院教授彼德·圣吉。他关于学习型组织的研究是从另外一个角度展开的,他的许多论述不在于描绘学习型组织是如何获得和利用知识的,而是告诉人们如何才能塑造一个学习型组织。他汇聚了一群杰出的企业家到麻省理工学院精心研究,融合了其他几项出色的理论、方法与工具,发展出了学习型组织的蓝图——五项修炼的组织模型。

(一)自我超越

能够不断理清个人的真正愿望,集中精力,培养耐心,并客观地观察现实,这是学习型组织的精神基础。它是一种首先分清什么是一个人在生活和工作中最想要的,然后自觉应用达成那些目标最重要的原则和方法的能力。

（二）改善心智模式

心智模式是一个看待旧有事物而形成的特定的思维定式。这种心智模式，能够使我们较为迅速地处理一些经验性的问题；但另一方面，在一个急剧变动的社会中，我们心中存在的许多假设、成见甚至图像、印象，会影响我们正确看待新的事物，影响我们采取正确的行动。站在一个企业的角度上说，心智模式会塑造经理对市场条件和战略的看法。心智模式可能正确也可能错误，关键是知道它们是什么，它们是如何影响思考的。

（三）建立共同的愿景

一个愿景无论是由整个公司创造的还是由两个人的小组创造的，这并不重要。重要的是，它是共同创造的。群体实现愿景的共同力量比任何单个人都更有力。比如，圣吉先生指出，由大型计算机向个人计算机转变多年以前，施乐公司的保罗·阿托研究中心的研究人员在20世纪70年代就已经有了创造出一台对用户友好的计算机这样的梦想了。尽管他们的实验没有制造出他们所希望的东西，但是他们早期的梦想造就了今日PC机的众多奠基技术中的相当一部分。

（四）团队学习

团队就是彼此需要他人行动的一群人。在组织中，团队成为学习最关键的单位。团队学习是进行成员整体搭配与实现共同目标能力的过程。组织需要逐渐培养起越来越多的学习团队，进而形成组织整体学习的氛围。

（五）系统思考

这一概念将系统定义为一系列相互关联的部分。要理解系统就要求

第五章

行政绩效管理的构筑

理解所有部分是如何相互联系和相互影响的。一个公司就是一个复杂的系统，它有许多子系统。在公司中运用系统思想意味着不是将功能（比如制造、财务、营销等）看作相互脱离的任务组，而应看作一个更大系统的部分。组成部分间的关系影响了整体的运行。

而对于学习型组织，荷尔曼·米勒公司有最好的诠释，它曾打开了扭亏为盈的局面，并从此获得了飞速的发展。

案例　荷尔曼·米勒公司的学习型组织

> 密歇根西兰岛的家具设计和制造商荷尔曼·米勒公司的企业文化，就是鼓励个人的创造性并将产品和市场的惯例推向极致，公司专注于向核心部门灌输正规的学习过程。他们集合了一个由产品经营单位、培训部、发展部中层经理组成的学习小组。学习小组的第一个目标是，建立一个覆盖全组织的基础设施以配合以下活动：战略计划的概念化，分析需要实施战略的知识和技巧差距，创造适宜的学习机会以弥补差距。
>
> 第二个目标是，整个公司的一线经理接触五项修炼的概念和工具，并在工作中应用。1993年，在MIT学习中心和其他顾问的帮助下，荷尔曼·米勒小组开始了提高公司有组织学习技巧的正式工作。
>
> 荷尔曼·米勒的全公司学习性基础设施包括以下组成部分：
>
> 学习小组。该小组成员包括14位负责公司战略的最高级官员。
>
> 学习教练。24位学习教练代表了公司主要部门的成员，

> 他们由该领域最高级领导挑选出来。教练的特殊职责包括在战略会议上提问，以鉴别达成战略的学习需要。教练的职责是全职负责诸如销售、营销、分配和创造等领域的工作。兼职教练负责的是诸如客户服务、设计和产品发展方面。学习教练要接受20天脱产的学习技术培训。
>
> 学习发展小组。该团体的基本目标是设计新的学习内容，以及个人能够学习于其中的各种环境。
>
> 学习战略小组。由学习副总裁领导，包括学习开发专家和教练网络工作小组，负责监督和支持整个公司学习战略的进展。

二、学习型组织与绩效

在学习型组织中，人们对于组织学习与绩效之间关系的认识由来已久。学习曲线是人们常用的一个概念，它从直观上验证：组织学习可以带来活力，提高组织绩效。学习曲线的概念可以追溯到20世纪20年代和30年代，当时飞机的制造成本随累积产量的增加而下降。经过研究发现，飞机产量的扩大和生产知识的不断累积密切相关。最早的研究检验了产量的增加对直接劳动力成本的影响；后来的研究则扩大了视角，更加关注产量增加对总制造成本的影响，以及飞机制造对包括造船、炼油、家用电器在内的其他产业的影响。

根据学习曲线的推理，随着产业的发展及总产量的增加，产业作为一个整体面临着"学习曲线"，成本与价格都可以预计。在观察了上述结果后，咨询人员建议制定严格的竞争原则，企业为了从学习中获益，就必须迅速增加产量，形成比竞争对手更低的价格，占有更多的市场份额。

第五章
行政绩效管理的构筑

在现阶段，学习曲线仍被经常运用，只是忽略了学习曲线的内部，它直接把降低成本和提高质量联系起来。知识经济研究学者达尔·尼夫看到了这一点，他认为要想有效地改进学习就必须高度重视学习过程的内部变化。

达尔·尼夫给出的模型，较好地体现了学习与知识在提高组织绩效方面的作用。

人们一边探讨学习曲线问题，一边尝试着寻找着其他一些工具，试图测出和验证组织学习能够带来绩效的提高。

雷·斯达塔根据一些公司的实践，提出了"减半曲线"的概念，减半曲线衡量的是组织在某一特定的生产方法中能够改进50%所花费的时间。竖轴表示延迟服务的百分比，时间的长短以横轴表示，（日、月或年）。斜坡越陡，表示学习的速度越快。

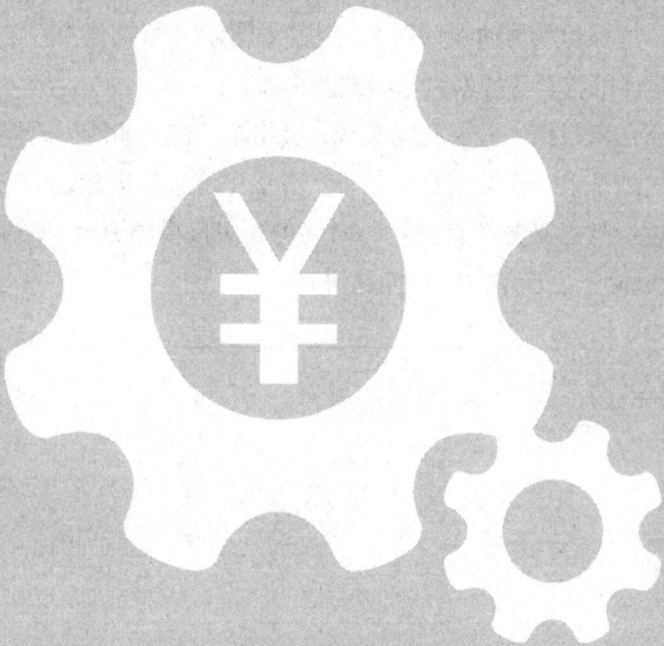

第六章
打造高绩效的营销队伍

绩效
管理工具

所谓营销队伍，就是在企业内部从事营销工作，通过统一协调行动完成企业既定的销售目标的人的集合。

营销队伍的建设受企业人力资源、财务状况、产品特性、消费者及竞争对手等因素的影响。因此，企业应依据自己的实力及发展规划，量力而行，精心打造和发展营销队伍，从而用最小的管理成本来获得最大的收益。

一支精干的营销队伍对企业而言主要有两个作用：

一是对市场需求做出快速反应。

二是使企业营销绩效最大化。

企业营销队伍是创造企业营销绩效的主体。一支精干的营销队伍，必能实现企业的营销目标，促进企业利润的提高。

由于营销队伍可以被理解为各个营销职位中人的集合，一个营销队伍建设成功与否，主要取决于营销人员的素质，因此，招聘和培训营销人员，塑造团队精神以及进行目标激励，显得尤为重要。

※ 精挑细选营销人员

营销人员是企业营销绩效的实现主体。建立具有强大营销力的营销队伍有助于构筑企业的竞争优势。营销工作的发展壮大，不可避免地要对人员进行调整，扩编、增岗、补员是人员流入性的调整。如何招聘到能胜任工作开展需要的营销工作人员，是摆在每位管理者面前的一个重要任务。

一、精挑细选的重要性

营销队伍组建成功的关键在于选择高效率的营销人员。普通营销

第六章

打造高绩效的营销队伍

人员与高效率营销人员相比,绩效差距较大。一项调查表明,52%的销售额是由占27%营销人员完成的。而且成功的甄选,能够保证营销队伍的稳定。营销队伍的不稳定性一直困扰着企业,当一个销售人员辞职时,企业便会蒙受寻找和培训他的成本损失,同时因此而失去的销售额也是巨大的。营销人员的稳定是留住客户的关键因素,留住客户反过来又是企业发展和利润增长的关键因素。一项研究显示,营销人员流动减少7%,将使人均销售增加27000美元以上,人均利润增加近4000美元。

案例 营销人员态度与客户满意度的关系

> 员工的忠诚度关系到客户满意度,客户满意度反过来又关系到公司的发展和利润。西尔斯公司销售数据的统计分析表明,营销人员的态度关系到客户满意度和收入。营销人员态度改进5%,将提高客户满意度1.3%,进而提高公司收入0.3%。各种独立的调查显示,全国零售商的客户满意度连续下降了好几年,但是在该数据分析的同期,西尔斯的客户满意度反而上升了4%,体现在当年销售增加了2亿美元,市场资本总额增加了近2.5亿美元。

从上例中我们不难看出,营销事业能否成功,首先要看整个企业中所从事营销活动的工作人员的素质;要组建一支能成功运作的营销队伍,其关键在于选择优秀的营销人员。招聘就是选择优秀营销人员的一条主要途径。招聘工作实际上决定着营销组织今后的发展。可以说,招聘是管理者而不是人力资源部门的职责,虽然有些营销人员的招聘工作需要人力资源部门的配合。管理者须十分重视构成自己营销队伍的人员的招聘工作。

二、对营销人员的素质要求

如果管理者不知道什么样的品质才能造就一个成功的营销人员，也不知道应当通过什么样的程序来检验所要求的品质，就会造成选员不当。

一般来说，对营销人员的素质要求主要有以下几个方面：

（一）个人综合素质

个人综合素质是指一个人各种能力的综合表现，包括应变能力、表现方面、口才、知识面等诸多能力。一般认为，营销人员的个人综合素质与他能够实现的销售业绩是成正比的。在销售过程中，个人综合素质越高，他的交流能力和说服力也就越强，因而，他所能实现的销售可能性就越大；反之，销售实现的可能性也就越小。因此，对应聘人员个人综合素质的考察是招聘过程中的一个重点。通常情况下，可以通过应征人员的临场表现来分析他们的综合能力，也可通过他们的经历来获取相关信息。一个高素质的营销人员对于企业来说是一种潜在资源，即使这个营销人员以前没有什么营销经验，也会很快成为一个出色的营销人员而实现良好的销售业绩。

（二）商务能力

这方面的素质可被理解为营销人员在商务方面的知识以及经验等，也就是营销人员是否熟悉企业所在行业的经营特征，是否了解商务运行过程中的财务流程、决策过程以及相应的业务术语，是否具有商业的敏感性等。有些人的商务能力是先天就有的，而有些人的商务能力则是后天学到的。管理者可以通过一些标准的能力测试题检验一个人的商务能力。无论怎样，商务能力高的营销人员可以节约培训成本，更快地进入业务角色，从而为企业赚取利润。

（三）产品及专业能力

任何行业都有自己特有的产品及技术知识。了解并掌握这些产品以及技术知识，将直接影响营销人员的销售结果。由此可见，产品及专业能力也是优秀营销人员必备的一种素质。很多以前从事研究开发部门、生产部门以及服务部门工作的人员，在转入营销部门后，往往会在这方面具有很大的优势。

三、招聘途径

素质要求确定以后，管理者就必须决定去哪里招聘营销人员。招聘新营销人员的途径主要有企业内部、其他企业、大学校园、职业招聘网站及广告等。

（一）企业内部

管理者千万不要忽视本企业的生产及科研部门提供新营销人员的可能性。这些新人给企业带来的好处是明显的：

第一，他们熟悉企业的生产及政策。

第二，他们的工作习惯和潜能已被管理层知晓。

第三，他们对企业的经营状况、营销目标及策略均有所了解，可以减少培训时间与内容，能迅速增强营销力量。

（二）其他企业

为其他企业工作的人，有可能成为合适的营销人员。这些人可能从营销人员、顾客、竞争者中招聘而来。从营销人员及顾客中雇用的新人，对产品已经有了相关的了解，且企业也有可能了解他们的工作经历。然而，积极地去征聘他们，有可能破坏与他们雇主的关系，对企业的口碑造成一定的影响。尤其是雇用竞争对手的营销人员，更有可能造成这种情况，虽然他们拥有与产品相关的知识，并且与本企业的许多顾客已熟悉，但是征聘他们仍会破坏竞争关系。

（三）大学校园

招聘即将毕业的大学生有很多好处。当然，从哪个学校招聘是非常重要的，因为企业自身的需要也就决定了它所期望聘用的营销人员类型。

招聘大学生的主要方法是参加招聘会。招聘会主要是一个场所，是使企业在学校中树立信息宣传窗口的场所。在招聘会上，对某企业有兴趣的学生通常会与企业保持联系，并在招聘会上开始介绍自己。在招聘会上，企业会发现一些有兴趣的应聘者，这就提供了更多个人联系的机会，对应聘者来说，也得到了更多的有关该企业的信息。

（四）职业招聘网站

如果管理者没有足够的时间进行招聘，他们可以考虑通过专门的职业招聘网站。当然，招聘网站会进行一些筛选，去掉那些不适合这项工作的申请者。然而，在选择职业招聘网站时应当谨慎从事，因为有些招聘网站，作为新营销人员的供应来源，名声一般。这些招聘网站在推荐人员时既不关心顾客，也不关心招聘企业对人选的要求。

（五）广告

商业出版物或报纸上的广告，为吸引营销人员提供了大量的信息。如果需要一个具有营销经验的人，在商业杂志上登一则广告就可以了。至于普通的营销职务，报纸上的广告就可以吸引很多的应聘者。

第六章
打造高绩效的营销队伍

四、挑选一名优秀的营销人员

优秀的营销人员不仅能超额完成营销目标，增加营销绩效，还因为他们大多具有优秀的品质和人格魅力，利于帮助管理者管理营销队伍，打造一支高绩效的营销队伍。

选拔优秀的营销人员对于企业开拓市场、赢得利润至关重要。如果优秀的营销人员被竞争对手挖走，那么，对企业来说将会是双重损失；如果选拔失误，企业不仅不能期望营销人员创造良好的销售业绩，为企业发展做出贡献，而且还可能对企业的形象和声誉造成损害。因此管理者在进行营销人员甄选时应慎之又慎。一般地，甄选须通过以下步骤：

（一）填写申请表与资格审查

通常由应聘人员先填写申请表格，表格内容包括年龄、性别、受教育程度、健康状况、工作经历、本人特长、联络方法等基本项目，据以判断是否符合事先决定的候选人的基本条件。

（二）笔试

对于符合基本条件的候选人可以进行笔试，笔试方法主要用于测试求职者的基础知识、专业知识、管理知识及文字表达能力。可在同一时间对较多的应聘者进行考试，其可信度和效率都较高。一般说来，笔试应作为应聘者的初次应试方法，成绩合格者方可进入面试阶段。

（三）面试

面试可由企业管理者、人力资源主管和资深营销人员主持，以考察应试人的语言能力、仪表风度、推销态度、临场应变能力、健康状况及所具有知识的深度、广度等。

面试结束后,应综合分析与评价应聘者的面试表现,形成对每一位应聘者的总体看法,以便提出录用或不录用的建议。这种面试评价一般是通过面试评价表进行的。面试评价表设计要合理,各评价要素要能充分反映招聘工作岗位的要求。

(四)心理测试

面试过后,一般还需要进行一次心理测试,心理测试的基本类型和内容如下:

1．能力测试

用以了解应聘者全心全力从事一项工作的结果怎样,也称最佳工作表现测试。既包括语言的运用、归纳的能力、理解力、解决难题的能力等智力方面的测试,也包括知觉能力、反应灵敏度、稳定性及控制能力等特殊资质方面的测试。

2．性格测试

用以了解应聘者在未来的营销工作中将如何做每天的工作,也称典型工作表现测试。包括对工作条件、待遇、晋升等的看法与意见的态度测试,以及个性测试和兴趣测试。

3．成就测试

用以了解应聘者对营销工作或某项问题所掌握知识的多少。因为营销工作需要特殊技巧,需要掌握一定的营销知识,企业认为必要时应设计特殊的测试项目。

4．兴趣测试

通过这种测试,弄清申请者是否对营销工作感兴趣。有这类兴趣的人,就有可能成为成功的营销人员。但兴趣测试也可能使结果混乱。

许多企业非常重视通过测试的方式对营销人员进行甄选。吉列公司

第六章
打造高绩效的营销队伍

声称，测试使人员流动减少了42%，到位的、有效的测试在很大程度上决定了新录用的营销人员后来在工作岗位上能否取得可喜的进步。测试是营销人员甄选过程中的关键工作环节。

（五）做出甄选决定

对那些通过心理测试的候选人，管理者就要采取最关键的一步，即做出甄选决定，并发出录用通知书。值得注意的一点是，不一定录用总体条件最好的，而应当选择那些最适合做营销工作的。

五、试用与正式聘用

接到录用通知书的人员到企业报到，开始试用期试用，试用期一般为3~6个月。试用期满，不能胜任营销工作的，予以辞退；合格者则转为正式营销人员，并签订聘用合同。

英特尔公司营销人员的招聘"三步曲"，就是一个成熟的招聘程序。

英特尔招聘营销人员一般经过初步面试、心理测试和模拟测验三个步骤：

第一步是初步面试。初步面试通常由公司的管理者和人力资源部主管主持，通过双向沟通，使公司方面获得有关应聘者学业成绩、相关培训、相关工作经历、兴趣偏好、对职业的期望等直观信息，同时，也使应聘人员对公司的目前情况及公司对应聘者的未来存在期望。

第二步是心理测试。由公司外聘的心理学专家主持进行，通过测试进一步了解应聘人员的基本能力素质和个性特征，包括人的基本智能、认知的思维方式、内在驱动力等，也包括人的基本意识、管理技能技巧。这类标准化的心理测试主要有《16种人格因素问卷》《明尼苏达多项人格测验》《适应能力测验》《欧蒂斯心智能力自我管理测验》等，心理测试的结果为最后确定人选提供参考依据。

第三步是模拟测试。这是最终的面试，也是决定应聘人员是否入选的关键。具体做法是，应聘者以小组为单位，根据营销工作中常碰到的问题，由小组成员轮流担任不同的角色，以测试其处理实际问题的能力。英特尔最注重的是，应聘者在面试尤其是最终面试中的表现。这个面试是营销部门组织的，面试考官不仅限于公司决策者、管理者，也有应聘者将来的同事，应聘者经过10个人面试后才能进入英特尔公司。

※ 培训造就优秀营销人员

一位管理专家曾经说过："营销人员培训是企业风险最小、收益最大的战略性投资。"这句话阐明了营销培训对于企业的重要意义。

营销人员的培训开发正在成为世界范围内企业关注的问题，"终身教育""学习型组织"的提法和概念都表明营销人员培训已成为企业增强自身竞争力的重要途径。IBM公司向全体营销人员提供每年至少40小时的培训，这在美国已属于较高的培训水准，但公司仍希望将这一时间增加4倍。重视对营销人员培训给IBM公司带来了很多好处。20世纪80年代中期的一项调查表明，1美元培训费可以使其在3年内实现40美元的经济效益。

现代培训的理念是：工作已经成为一个继续学习的过程，是个人为提高自己的工作市场价值而进行的投资。营销人员不仅重视营销工作的完成，而且也必然会越来越看重从工作中可以学习到哪些新知识、新技巧，是否可以使自己逐步增值等方面。

面对这些问题，管理者别无选择，唯有提供灵活的培训方式，建立企业的学习文化，增加营销人员的学习机会。许多著名企业的管理者都

第六章
打造高绩效的营销队伍

认为，对培训的投入已经不能再仅仅看作是企业的"费用"，应该视之为一种"投资"。

一、营销人员培训的七大好处

营销人员培训即是有计划、有组织地获得或学习与营销工作要求密切相关的态度、知识、能力与技能，其目的在于使营销人员工作的积极性、能力、行为方式等发生有利于营销绩效的提高和改进，帮助营销人员更好地完成其承担的工作。即使今天效益较佳的企业也要对营销人员进行培训，培训的对象不只是新招聘的营销人员，有经验的营销人员和那些最成功的营销人员都要参加培训。

鉴于培训是绩效评估后的一项重要工作，管理者往往根据营销人员的绩效现状，结合其发展愿望，与其共同制定绩效改进计划和未来发展计划，并对营销人员实施培训。

企业对营销人员进行培训有诸多好处，归纳起来有以下几点：

第一，通过培训，营销人员可以了解企业并与企业融洽相处，所以大部分培训课程都是介绍企业的历史和目标以及主要产品和市场。

第二，通过培训，营销人员可以全面了解企业的产品，因此营销人员要观看产品的生产过程。

第三，通过培训，营销人员可以了解顾客和竞争对手的特点，因而培训课程要教给他们竞争策略以及了解不同类型的顾客和他们的购买动机以及购买习惯。

第四，通过培训，营销人员可以了解整个销售过程和职责。

第五，通过培训，营销人员可以适应不断变化的市场。在固有观念下，以传统的办法应对瞬息万变的市场是不会取得良好效益的，所以必须形成一种动态、随机的、富于机智而又不卑不亢的工作作风，否则就不可能适应市场的需要。

第六，通过培训，营销人员可以克服孤独感等人性弱点。整天离开企业，独自去访问客户的营销人员，有时会感到十分孤独，产生恐惧感、自卑感。因此企业有必要建立起关心这种人性弱点的机制。

第七，通过培训，可以培养营销人员的创造力。对一个营销人员来说，具备广阔的视野十分重要。营销人员如果陷入只卖东西，或处于卖东西的机械状况中，就不能不说企业对他们太残酷了。使他们具备丰富且有用的营销理论和开发市场的见识，是企业不可推卸的责任。

二、建立有效的培训系统

要想有效地做好营销人员培训工作，应该把培训视为一项系统工程，即采用一种系统设计的方法，使培训活动能符合企业的目标，同时让其中的每一环节都能实现营销人员个人、营销团队及企业三方面的优化。

培训系统由五个环节构成，分别是：培训需求分析、设置培训目标、确定培训内容、实施培训活动和评估培训结果。

（一）培训需求分析

企业分析。企业分析包括对企业策略分析和营销目标分析。一个良好的培训方案必须符合企业发展策略和营销目标。所以在设计培训方案时，首先要检查其是否与企业的发展要求相一致。

工作分析。营销人员的工作目标是尽可能地实现销售，为企业创造收入。但不同的阶段，营销人员的工作侧重点是不同的，只有充分分析营销人员当前的工作状况，才能设计出适合其工作需求的培训计划。

第六章

打造高绩效的营销队伍

个人分析。只有了解所有营销人员自身的状况以及未来需要达到的目标,所制定的培训计划才是实用的和能够产生价值的。

(二)设置培训目标

在开始设计培训计划时,管理者必须制定该计划应该达到的目标。这些目标应该直接与正在接受培训的小组的性质相联系,并影响所要覆盖的主题。例如,如果一家公司培训从大学招聘来的新营销人员,许多主题必须覆盖在内,包括销售技巧、客户知识、产品知识、公司知识、产业知识和竞争知识等。

在制定培训目标时,管理者必须确定什么知识和什么技巧是他们的营销人员不知道或做得不是很好的。

然而,假如营销人员不知道所有产品的所有细节,而且培训也不可能提供他们所需要的全部知识和技能,管理者们就必须对这些事物赋予权重,并且这些权重必须与正在接受培训的小组成员的需要相联系。

(三)确定培训内容和实施培训活动

实施培训活动培训目标的实现要依靠精心的组织和实施,培训活动的实施需要组织者、培训者和受训者三方的密切配合。因此,在实施培训项目之前要有相应的宣传;实施过程中要进行必要的检查,并能够及时、灵活地调整,保证培训项目顺利、有效地完成。

(四)评估培训效果

评估培训效果是对培训计划的所有目标进行评估。这一步骤有时在培训中进行,但一般都是在培训结束时进行。被评估的培训目标主要包括受训者对培训的反应,对培训投入的效率(包括培训者、课程设计、持续时间、培训地点、硬件设施等),培训计划实际实施的情况（比如教学方法及教材的选用，讲题的覆盖面，教学阶段的划分）等。

最为理想的评估应该与培训后的营销人员在工作中的表现挂起钩来。这种评估应该在隔一段时间，比如一年或更长的时间后进行。培训组织者应该从评估中汲取经验教训，为下一次制订培训计划做好准备。

这五个环节构成了一个完整的培训系统，为企业营销人员培训工作提供了指导，可以保证培训工作的科学、有序、规范，从而取得预期的良好效果。

三、培训的五种方法

营销人员培训的方法有很多，这里介绍五种常见的方法。

（一）课堂授课法

课堂授课法是由授课者讲授知识，受训者记忆知识的一种培训方法，也是最常见的培训方法。这种方法最大的好处是，培训的高速度和低成本，它能在相对较短的时间内向一大批人提供大量的信息。

案例　爱森公司的"午间大学"

> 爱森公司是一家促销代理商，该公司为其营销人员开设了一间"午间大学"，其中设有一系列内部研讨会，由外部专家亲临讲授，涉及的课题有直接营销和调研。此外，如果营销人员要考取更高学位，而这些学位又与其业务有关，营销人员也能考到好成绩，公司则会全额资助。

第六章

打造高绩效的营销队伍

> 该公司的行政总监杰弗里说:"我们将公司收入的2%投入各项培训教育中去。营销人员对此表示欢迎,因为这是另一种收入形式。"

(二)案例研究法

案例研究法是向受训者描述一种客观存在的真实情况,向受训者提出或由受训者自己提出问题,并由受训者本人做出回答的培训方法。用于教学的案例必须具备两个基本特点:第一,案例的内容必须是真实的,不能虚构。当然,为了保密,有关的人名、地名、企业的名称可以用假名,或以其他方式掩饰,但其基本情节不得虚假,有关数字相互间的比例不能改变。第二,案例中应包含一定的管理问题,否则会失去培训的意义。

案例　IBM公司的阿姆斯特朗案例练习

> IBM公司为营销培训而开发的最有代表性、最复杂的技巧之一是阿姆斯特朗案例练习。这种练习创造出一种假设的,由饭店网络、海洋运输、零售批发、制造业和体育用品等部门组成的,具有复杂的国际业务联系的,非常逼真的市场营销环境。学员们在这个环境中,需要对各种人员完成一系列错综复杂的拜访,从普通的接待人员到董事会成员都要拜访。通过这种练习,可以帮助学员对假想客户公司的工程师、财务经理、市场营销员、主要的经营管理人员、总部执行人员等的情况进行详尽的观察分析,使学员们熟悉和演练与这些

人如何打交道。同时，这种练习也记录下学员个人的应对情况。他们的个人特点、工作态度甚至决策能力等都清楚地表现出来，有助于公司对他们进行分析和帮助。由于这种学习方法非常逼真，所以每一个参加者都能如公司所期望的那样认真地对待这种学习机会，每个学员的"表演"都十分令人信服。而这种练习实质上就是让学员自己计划和组织一次面向客户实际问题和需求的实践，向该客户提出解决方案，并争取获得订货。

（三）模拟角色法

模拟角色法是参加者身处模拟的日常工作环境之中，按照他在实际工作中应有的权责来担当与其实际工作类似的角色，模拟性地处理工作事务的方法。通过该方法，参加者能较快熟悉自己的工作环境，了解自己的工作业务，掌握必需的工作技能，尽快适应实际工作的要求。

而角色模拟的方式有两种：

第一种是事先安排好的，在表演之前告知学员表演的内容，并提供角色的相关材料。

第二种是即兴的角色模拟，学员事先没有准备，全凭当时的发挥。

案例　IBM公司的模拟销售角色

IBM公司市场营销培训的一个基本组成部分是模拟销售角色。该公司采取的模拟销售角色的方法是，学员们在课堂上扮演销售人员的角色，教员扮演用户，向学员提出各种问题，以

第六章
打造高绩效的营销队伍

检查他们处理和应对各种问题的能力。这种上课的方式接近于一种测验,可以对每个学员的长处和不足这两方面进行评判,并据此进行指导。学员要学会倾听和询问的技巧,以及如何达到目标和寻求订货,等等。另外,教员还会在一些关键的领域内对学员进行评价和衡量,如联络技巧、介绍和演示技能、与用户的交流能力以及一般企业经营知识等。对于学员扮演的每一个销售角色和介绍产品的练习,教员都要给出评判和指导。

(四)指导培训法

指导法是最为流行的培训方法。提供指导使新营销人员在工作时间内得到帮助,并在企业里有一个角色示范,它对大企业和小企业来说都是非常有用的方法。一般地,在提供指导的项目中,为每个新营销人员配有同他们一起从事销售和同在一个营销项目中的老营销人员,这些受训者将接触到老营销人员积累的经验。

当然,指导必须是在有成功记录和对这样一个项目感兴趣的营销人员身上。此外,指导必须处在这样一个职业生涯阶段,即他们能从原有的责任感出发抽出时间并完全投入工作。指导者必须有指导他人的能力并帮助他们处理失误问题。

(五)边路控制法

边路控制涉及管理者作为教练的能力。不同于上岗培训,边路控制法在于它要求管理者们积极地、持续地参与。它允许管理者们监测他们的营销人员的进展情况并及时给他们提供反馈。此外,它有助于管理者们对向他们报告的个人做出评估。特别是对新营销人员来说,管理者参与到这样的培训中对于他们的发展是很关键的。

※ 创建绩优团队

目前，在美国西部，农民之间仍然有把牛套在一起去搬运重物的比赛。像其他比赛一样，他们非常认真，往往要花费几个月的时间来准备牛队的比赛。比赛中，齐心协力是非常重要的。用来表示完美匹配的词就是"团结一致"，农民花费大量的时间和金钱努力获得一个团结一致的完美的团队。在比赛中，不总是最强壮的、最大的牛获胜，反而经常是各司其职、团结一致的团队获胜。只有团结一致，共同努力，才能共同促进目标的实现。

由这个例子我们不难看出，团队这种组织形式已经被越来越多的行业所采用。管理大师彼得·德鲁克教授说："现代企业绝不能只有老板与伙计的上下关系，它一定要以团体的方式组合。"智利的桑达公司总裁安德烈·那瓦诺完全同意这一点，他说："单打独斗的时代已经过去了。这个世界已经变得过于复杂，只有大家通力合作才能完成工作。"企业的营销部门作为一个高度协作的组织也是如此。管理者往往通过选拔优秀的销售人员，设立较高的营销目标等方式建立一个高绩效的营销团队，以实现企业的营销目标，完成或超额完成销售额，创造较高的营销绩效，为企业带来丰厚的利润。

一、剥开营销团队的内核

（一）何谓营销团队

团队是一组个体成员为实现共同目标而协同工作的集体。团队不同于群体，群体中可能有几个出色人物，但并没有共同目标，没有合力，所以不能轻言是团队。个人虽然可以叱咤风云，建立一时的功绩，但只有融入组织的力量才能功业长存。

第六章
打造高绩效的营销队伍

而营销团队正如卡林贝茨和史密斯定义的那样：

营销团队是一小群技能相互补充的人，他们相互之间负有责任，为了提高企业的销售利润和实现企业营销绩效目标而共同努力的集体。

营销团队的主要特征有：

对于大多数企业来说，营销团队是衡量企业营销绩效的基本单位，团队将几个人的技能、经验和洞察力融合在一起。

团队合作代表着一个价值的集合，鼓励人们相互合作，听取别人的观点并做出反应，给予其他人提出疑问的权力，给予他人支持，并承认他人的利益和成就。

团队是由于重大而迫切的绩效挑战而创造和激发出来的。

团队比单个人行动和庞大组织群体行动的绩效要好，特别是当同时需要多种技能、判断力和经验时。

团队是灵活的，对变化的事件和需求反应敏锐。他们根据新的信息和挑战进行调整，在速度、准确性和效果方面优于个人。

高绩效营销团队会花费大量的时间和精力用于探索上，形成一个属于团队本身的目的。其主要特点是对他们的发展和成功有高度的责任感。

正如理查德·沃尔顿所说的那样，在一个新的以责任为基础的企业里，通常是营销团队而不是个人对营销绩效负责。

（二）团队的本质是凝聚合力

团队讲的是合力，团队成员的责任心、荣誉感、整体意识和积极学习勇创绩效的企图是使团队取得辉煌业绩的源泉。团队具有了合力，就会不断地取得成功。

合力的简单定义为：整个团队的力量大于其中任何成员的力量。团队中没有"主角"，每个人都做出了贡献，缺少任何一个人，都会导致团队业绩更差，效率更低。合力促进团队的开拓精神，鼓励团队的创造性，给大家创造机会而不是形成障碍。这将有助于管理者看到新的机遇，而不是看到障碍，从而促进弱势转变成优势。

在营销团队中，每一位营销人员都把自己当成集体的不可分割的一部分。因为他们知道，只有整个营销团队的目标得以实现，个人才会有荣誉感和成就感；否则即使是一个营销人员超额完成了自己的销售指标，而其所在的营销团队没有完成预定任务，企业利益得不到保障，那他也不能算作一个优秀的营销人员。只有那些把团队和企业利益置于第一位的营销人员才是最优秀的。

二、建立绩优营销团队

（一）绩优营销团队的特征

组建营销团队的目的在于为企业带来高绩效，那么，怎样才能塑造出绩优的营销团队呢？大量的实践和研究表明，绩优营销团队应该具备以下特征：

1．清晰的目标

绩优营销团队对于企业的市场目标有清楚的了解，并坚信这一高绩优营销团队的特征目标包含着重大的意义和价值。而且，这种目标的重要性还激励着团队成员把个人目标升华到群体目标中去。在绩优营销团队中，成员愿意为团队目标做出承诺，清楚地知道团队希望他们做什么工作，以及他们怎样共同工作完成销售任务。

绩优营销团队的成员通常会用大量的时间和精力来讨论、修改和完善一个在集体层次上和个人层次上都被大家接受的目标。这个共同目标一旦为营销团队所接受，就像航海学知识对船长一样——在任何情况下，都能起到指引方向的作用。成功的营销团队能够使其成员各自和共同为团队的目标和行动方式承担责任。

2．相关的技能

绩优的营销团队是由一群有能力的营销人员组成的。他们具备实现

第六章

打造高绩效的营销队伍

理想营销目标所必需的特长和能力,而且相互之间有能够良好合作的个性品质,从而能出色完成任务。后者尤其重要,但却常常被人们忽视。有较强业务能力的人并不一定就有处理团队内关系的高超技巧,而绩优营销团队的成员则往往兼而有之。

3．相互的信任

成员间相互信任是绩优营销团队的显著特征,也就是说,每个成员对其他人的品行和能力都确信不疑。我们在日常的人际关系中都能体会到,信任这种东西是相当脆弱的,它需要花大量的时间去培养而又很容易被破坏。所以,维持团队内成员间的相互信任,还需要引起管理者足够的重视。

企业文化和管理层的行为对形成相互信任的团队氛围有较大的影响。如果团队崇尚开放、诚实、协作的办事原则,同时鼓励营销人员的参与和自主性,就比较容易形成信任的环境。

4．一致的承诺

绩优营销团队成员对团队表现出高度的忠诚,为了能使团队获得成功,他们愿意去做任何事情。我们把这种忠诚和奉献称为一致的承诺。对成功团队的研究发现,团队成员对他们的群体具有认同感,他们把自己属于该群体的身份看作是自我的一个重要方面。因此,一致的承诺特征表现为对团队目标的奉献精神,愿意为实现这个目标而发挥自己的最大潜能。

5．良好的沟通

这是绩优营销团队一个必不可少的条件。团队成员通过畅通的渠道交换信息,包括各种言语和非言语信息。一名优秀的营销团队成员,个人必须学会与他人进行公开、坦诚的沟通;学会面对个体间的差异;学会把个人目标升华为团队的利益。

一般来说,多元化的团队成员很难在具体行动上达成一致意见,也难以达成统一协议。但随着时间的延长,这个问题会得到解决。可以预料，随着团队成员之间良好的沟通、相互了解的加深，团队凝聚力的不断提高，多元化团队的优势也会越来越明显。

此外，管理者与营销人员之间健康的信息反馈也是良好沟通的重要特征，有助于管理者指导团队成员的行动，消除误解。就像一对已经共同生活多年、感情深厚的夫妇那样，绩优团队中的成员能迅速准确地了解一致的想法和情感。

6．恰当的领导

出色的管理者能够让团队跟随自己共同度过最艰难的时期，因为他能为团队指明方向，能向成员阐明变革的可能性，能鼓舞团队成员的自信心，能帮助他们更充分地了解自己的潜力。

高绩效营销团队的主管往往担任的是教练和保障员的角色，他们对团队提供指导和支持，但并不试图去控制它。这不仅适用于自我管理团队，当能授权给小组成员时，它也适用于任务小组、交叉职能型的团队。

7．内外部支持

要成为绩优团队的最后一个必要条件就是它的支持环境。从内部条件来看，团队应拥有一个合理的基础结构。这包括：适当的培训，一套易于理解的用以评估营销人员总体绩效的测量系统，以及一个起支持作用的人力资源系统。恰当的基础结构，能支持并强化成员行为以取得高绩效水平。从外部条件来看，营销团队还需得到企业管理层提供的完成工作所必需的各种资源。

（二）绩优营销团队的建设方法

1．团队交流法

团队交流法能够增强团队成员之间的相互了解。例如，帮助团队成员学会如何倾听，或者明白团队中其他成员过去的经历。其基本思想为：成员相互之间的个性了解越多，交流的能力就会越强，有助于人们更加容易地在一起工作。这将鼓励人们将其他成员看作是"我们"，而

第六章
打造高绩效的营销队伍

不仅仅简单地把他们看作是与自己一起工作的人。

2．角色定义法

这种建设团队的方法，主要将角色定义作为一项主要的任务来强调，目的是将每个成员的角色期望进行分类，将团队规范作为整体进行分类，将团队成员共有的责任进行分类。这意味着营销团队作为一个工作单位已经让每个成员都进行了了解，这就可能进行高效率的有效运作，因为每一位成员对于他们的位置、角色和职责都有了清晰的认识。

3．价值取向法

这种方法也注重建立团队成员间的互相理解。但是，这里强调的重点是团队成员对于他们从事的营销工作所持的态度和价值观，而不是每个营销人员的个性或者他们在团队中担任的角色。例如，韦斯特提出了一种营销团队建设模型，其中最重要的因素是，营销团队应该建立清晰的对价值观与营销目标共有的理解。在这种模型中，营销团队管理最基本的一个特征是，由所有可能加入这支团队的人来讨论与共享"使命陈述"的发展报告。通过确保团队中每个人具有共同的价值观以及使团队的工作目的能够真正地反映他们的价值观，可以感受到团队成员能够有效地在一起工作，并且能够体会到个人的行为对于团队共同的营销目标和所反映的价值观的贡献。

4．团队任务法

这种方法的重点不在于营销团队成员是什么样子，而在于他们所拥有的营销技能如何对整体做出贡献。因此，这种方法将重点特别放在了不同的团队成员间的信息交换上，同时强调根据资源、营销方法和实践步骤对团队任务进行务实的分析。

三、塑造团队精神

拜比·鲁斯说过："团队作为整体工作的方法决定了其成功与否。

你也许拥有世界上最优秀的精英,但是如果他们无法在一起工作,就一文不值。"优秀营销团队之所以能够胜人一筹,是因为他们有一样共同的东西,那就是依靠团队的成员取得成功。优秀团队的工作效率通常是同行业普通团队的10倍甚至12倍,而这应该归功于一个很特殊的因素,即优秀营销团队在做好营销工作的同时重视对人的管理,优秀的管理者能够使各自为政的营销人员形成一个目标一致的战斗集体。

如果管理者的职责是促使营销目标的实现,那么实现这一目标的最佳途径就是建立能够使团队形成合力的团队精神。促使成员齐心协力地工作,这是管理者所面对的最为必须也最为困难的工作之一,因为营销人员并非个个都有主动为企业献身的精神。在经济全球一体化的今天,市场竞争空前激烈,如果要使营销团队快速有效地运转,必须塑造团队精神,并且个人的绩效高度依赖于团队的绩效。

我们看过蚂蚁搬家团结协作的神奇景象,以它们个体的智力和体力很难想象所要完成的壮举是什么样。那这又是什么精神呢?这就是团队精神。

团队精神就是团队成员为实现共同目标,协调努力,能产生超常的创造力和工作绩效的意愿和作风。它主要包含以下三方面的内容:

第一,在团队与其成员之间的关系方面,团队精神表现为团队成员对团队的强烈归属感与一体感。

第二,在团队成员之间的关系上,团队精神表现为成员间的相互协作及融为一体。团队成员彼此把对方都视作"一家人"。

第三,在团队成员对团队事务的态度上,团队精神表现为团队成员对团队事务的尽心尽力及全方位的投入。

有效地培养与增进团队精神,团队便会逐渐成为一支绩效越来越高的营销精英团队,管理者自己也会成为越来越受人尊崇的营销顶尖主管。

塑造团队精神,切忌走入误区。如果有人把欢乐融洽的气氛与团

第六章
打造高绩效的营销队伍

体合作精神混为一谈；如果看到同事之间能彼此倾诉，大伙的感情也不错，而将这种现象视为工作岗位上的团队精神也很好的话，那就大错特错了！因为这些现象只不过是表示大家相处融洽而已，还远未达到团队精神的要求。

其实，仅有欢乐融洽的气氛，并不能表示团队精神很好。欢乐融洽只是必要的条件之一，不能视为充分的条件。一个团队如果没有取得一项成果，即使彼此欢乐融洽，他们还是没有团队合作精神的。

团队精神最佳的状态，就是每位成员都具有向前迈进的意识和共同分享成果的喜悦。这样，就会产生坚强的相互信赖关系，而这样的营销团队必定会为企业带来更多的利润，创造更大的价值。

※ 激励带来双赢

营销绩效管理的目的在于充分利用所拥有的资源，使企业高效能地运转，提高企业营销绩效，实现企业的既定目标。而企业的营销绩效是必须以营销人员的个人绩效为基础的。

研究表明，营销人员的工作绩效是营销人员能力与受激励程度的函数，即绩效=F（能力×激励）。如果把激励制度对营销人员创造性、革新精神和主动提高自身素质的意愿的影响考虑进去的话，激励对营销绩效的影响就更大了。美国哈佛大学教授詹姆士在一篇报告中指出：实行计时工资的员工仅发挥其工作能力的20%～30%，而在受到充分激励时，其能力可发挥80%～90%，显然其中50%～60%是激励的作用。激励一方面促进了营销人员工作绩效的提高，另一方面也促进了营销队伍目标的实现。因此，管理者应付出更多的努力，学习更多的激励知识，掌握更多的激励方法。

一、营销人员需要激励

我们可以通俗地说，激励就是通过精神或物质的某些刺激，促使人有一股内在的工作动机和工作干劲，朝着所期望的目标前进的心理活动，也就是调动人的积极性。

在营销绩效管理中，激励实际上就是通过满足营销人员的需要而使其努力工作，实现企业营销目标的过程。对于任何一个部门、任何一个项目或任何一个计划来说，激励都是其取得成功的关键所在。而企业的营销人员更需要激励。其原因主要有以下几点：

（一）工作性质

营销是一种经常会遇到挫折的工作。其工作性质有如下特点：

第一，营销人员通常独立工作，他们的工作时间不规则，而且总是远离亲人；

第二，营销人员要面对旗鼓相当的竞争对手的营销人员；

第三，营销人员经常缺少为赢得顾客所必需的权力，还得冒失去已经付出艰辛工作所获得的大量订单的风险；

第四，营销人员要积极地面对挑战，一方面需要有顽强的意志，另一方面则需要管理者特别的激励。

（二）人的懒惰本性

人的懒惰本性，往往是不愿承担责任，大多数人如果没有特别的激励，例如金钱的获得和社会的承认，就不能发挥其全部才能。

（三）个人问题

营销人员较企业其他人员更容易受到个人问题的困扰，如婚姻问

第六章
打造高绩效的营销队伍

题、家庭问题等。对那些年龄较大、资历较深的营销人员和那些家里人口较多的营销人员来说，经济回报较有价值；对那些未成家的年轻营销人员和家庭人口少或受过正规教育的人而言，非经济回报（承认、赞同和尊敬、成就感）较有价值。

由此可见，管理者必须建立激励制度来充分调动营销人员的积极性，通过有效的激励措施，发挥每个营销人员的最大潜力；促使其努力工作，争取更多的客户，扩大产品的销售量。

激励营销人员的措施必须具有科学性和合理性，否则将会产生副作用，不仅不能调动、鼓舞营销人员的工作积极性，相反还会挫伤其原有的工作热情。管理者在对营销人员进行激励时，应当根据企业、产品、营销区域、营销环境和营销人员的不同情况制订出合理的激励方案。

而想要成功地对营销人员进行激励还要遵循以下三原则：

1．公平

指管理者所制定的奖励标准和所给予的奖赏必须公平合理。奖励的标准必须恰当，过高或过低都会缺乏驱动力。所给予的奖励，应考虑到营销人员工作条件的不同和付出努力的差别。

2．公开

实行奖励的有关规定必须很明确，并公开宣布，让营销人员充分了解和掌握奖励目标和奖励方法，促使他们自觉地为实现营销目标而努力。否则就不可能产生积极的效果。

3．兑现

对营销人员的奖励，应当按预先的规定，一旦达到奖励目标就兑现许诺，使达标者及时得到奖赏；如果拖延奖励时间，给营销人员造成"开空头支票"的感觉，将会严重打击他们的积极性。

二、善于把握营销人员的欲望

由于引起人们动机的出发点是人的欲望，若能充分了解营销人员的欲望，就会产生适应他们欲望并给予恰当激励的方法。

通过马斯洛的欲望五层次需求理论，我们可以知道营销人员到底有哪些欲望。

由马斯洛的需求五层次理论演变成的欲望体系，第一是"求公正之心"。即希望别人能公正地对待他们。同一时期进入企业，如果业绩或服务态度都不比同事差，而自己的晋升却不如别人，这是他心理上所难以接受的，也就是公正之心使他难以平静。

第二是"求被认识之心"。人都有一种被别人认识的需求，例如被倾盆大雨淋得满身是水，还得一家家去访问顾客的营销人员，总会想到谁能知道自己的辛苦呢？这样的想法很容易使他陷入为什么要干营销这一问题中无法自拔。所以身为管理者，最好等到最后一个营销人员回来后再下班。当最后一个营销人员回来时，会在你的一句"辛苦了"的安慰语中得到满足。

第三是"求参与之心"。管理者应经常向下属广泛征求意见，让他们参与企划，积极采纳他们所提出的建设性建议，这对营销人员来说无疑是一针兴奋剂。

第四是"求晋升之心"。从昨天到今天，从今天到明天，就好像把砖头一块块堆叠起来一样，一个人总是在心里描绘着进步与晋升。营销人员大都有这种共同的愿望。

第五是"求机会之心"。每个人总想让自己的生活发生一点点变化，将自己放进一个完全不同的环境中去。反而当人们处于相对稳定的状态时，会有一种向危险挑战的欲望。

第六是"求服务之心"。当人们探究自己心灵深处时，就会发觉自己还是想为别人服务的，因为他们将此作为荣耀的事。不过这种欲

第六章
打造高绩效的营销队伍

望是因人而异的。即使是同一个人,欲望也因时而异,所以难以正确把握。

管理者应该从中看清营销人员的各种欲望,想方设法满足他们,激发他们的工作热情。

三、常见的几种激励方法

从总体上说,对营销人员的激励有物质激励和非物质激励两种。物质激励主要包括销售提成、发放奖金、员工持股以及享受其他福利待遇等;非物质奖励集中于不同的人在不同程度上的需求,如成就感、社会威望、责任感、影响力、号召力以及个人发展。管理者可以依据营销人员的表现好坏决定是否给予这类奖励。具体说来,对营销人员的激励主要有以下几种:

(一)目标激励法

营销目标是营销队伍根据企业宗旨提出的在一定时期内要达到的效果。营销目标是企业目标体系中最重要的部分之一,它包括利润率、销售增长额、市场份额提高、风险的分散、创新和声誉等。

对于企业的营销队伍而言,一个合理有效的营销目标能够产生引导和激励的重要作用,同时也明确了企业、营销队伍以及营销人员个人的具体努力方向,营销目标的设定是保证企业营销队伍正常、有效率地开展营销活动的前提。只有设立了明确的目标,管理者才能根据实现目标的需要合理地使用企业的人力、物力等各种资源,正确地安排其活动的优先顺序和时间表,恰当地分配任务,以达到有效地管理营销队伍,提高营销绩效,完成企业的销售任务的目的。

目标是激发营销人员潜力的重要源泉。对营销人员来说,目标的激励作用主要表现在以下两个方面:

第一，只有明确了目标才能调动营销人员的潜在能力，特别是营销人员参与选择目标效果更加明显。

第二，营销人员在达到目标后，会产生成就感和满足感。因此完成目标将成为营销人员的需求之一。

不过，设置营销目标时应注意：困难的目标会引起比没有目标或是那种"尽力去做"的泛泛的目标更为高水平的表现；有反馈比无反馈带来更多的工作绩效。在许多情况下，参与式的目标设置，会带来更大的绩效，提高了目标作为工作努力方向的合理性、可接受性，增加了营销人员对目标的认同感，从而会产生更大的激励作用。参与可使难度较大的工作任务、困难的目标更容易被接受，并有利于工作的顺利开展。

（二）晋升激励法

管理者在工作中不断激励营销人员，为他们注入工作动力，提高工作热情。而促使营销人员努力工作的最好动力就是给营销人员合理的晋升机会。

在施乐公司，表现良好的员工就会感到自己能得到迅速的提拔，于是他们会以更高的热情投入工作中。谢尔比·卡特就是这样一名员工。他是施乐公司的营销人员，最初是一名推销人员，工作积极肯干并善于动脑。

卡特以自己的聪明和肯干，为公司销售了大量的产品，于是他得到了逐步的提拔，最终被提升为全国销售经理。事实证明，他的确是个称职的经理人员。卡特最喜欢做的事情之一就是将镶在饰板上的长猎刀奖给那些真正表现杰出的员工。这些猎刀背后都有一段神话故事，得到它比得到奖金更有意义。得到奖励的员工会把猎刀挂在办公室的墙上，所以在施乐公司的办公室里常常会看到这些猎刀。

由于晋升的机会把握在自己的手中，所以施乐的员工充满着热情和

第六章
打造高绩效的营销队伍

干劲。即使在街道上散步,他们也会观察两旁的建筑群,思考如何使每一幢建筑里的单位都成为施乐复印机的用户。

(三)销售提成激励法

销售提成方案几乎总是包含可变奖励的。这些方案给管理者提供了最大的想象空间和创新机会。通常,这些机会也会成为一个方案失败的原因。任何销售提成激励方案的最主要目标必须是使企业产生有利润的销售水平和数量,除此以外,重点应当是建立一个可以理解的且可以信赖的方式,以使营销人员能够在这一方式下工作时感到满意。建立一个能使管理者兴奋但使营销人员泄气的、带有控制性的计划,意味着管理者忽视了可变奖励方案的真正目的:激励员工——这种情况下,也就是营销人员——去追求与企业相匹配的目标和任务。

但在有些企业里,营销人员面临这样的可能性,即当他们的绩效或销售额增加时,他们的提成方案会以某种方式改变,而这会使得其提成的数额减少,甚至当他们达到某个水平时提成会有封顶。这么一看,管理者实施这类活动不是在实施奖励方案,而是在实施对优秀绩效进行处罚的方案!

(四)销售定额激励法

当我们的脑海中有了一个目标后,我们会工作得更努力,更有目的性。如果营销人员知道,他们的年终评估将取决于自己的销售定额时,他们就会工作更长的时间,争取更多的订单。如果他们的收入与定额相联系,情况就更是如此了。

很多企业规定了其营销人员的销售定额,按产品分配他们在该年度中应当实现多少销售。报酬总是与定额实现程度密切相关。

企业在制定年度营销计划时应该相应制定销售定额。企业首先要确定一个合理的、可完成的预期销售额,这是规划生产、营销队伍规模以及资金需求的基础。管理部门通常为各区域和各地区制定高于预期销售额的销售定额,这样即使营销队伍没有实现销售定额,企业也可以达到其预期销售额。

定额通常依据销售金额而定。然而,这会使营销人员忽视获利,只重视多销,完成高销售额即可。因此,许多企业都依生产能力确定定额,对每一种产品都在获利的基础上设立销售定额。一些企业依总利润确定定额,而不依据销售量,这就确保了营销人员能向获利最大的方向努力。对于主要从事市场开拓业务的营销人员,销售利润定额要考虑到安排展示、建立合作关系及销售点人员培训等成本费用支出。

定额是激励营销人员的有力的方法,但如果处理不当,也会起相反的作用。定额的确立应当合理,应在能完成的范围之内。如果定额太高,营销人员无法完成,就会造成士气低下、销售减少、成本上升的情况。

为了确立适当的定额,企业应对各业务区域内的销售潜力有所了解,并据此确立定额。这可以从多种来源获得这方面的信息,其中包括政府文件,如"人口普查表""生产调查表""商业调查表"等;另一个很好的来源是销售和市场经营类杂志中关于个人购买力调查及组织购买力调查等栏目。

(五)员工持股激励法

最有效的激励是让营销人员感到是在为自己工作,员工持股计划让营销人员持有企业的部分股份,从而使营销人员成为企业的所有者,参与企业的经营。

由营销人员持有企业内部股份更有利于调动营销人员工作的积极性,增强营销人员的归属感,增强企业的凝聚力,吸引人才,降低人员

第六章
打造高绩效的营销队伍

流动性,提高工作绩效。员工持股激励能够促使其更加忘我地投入营销工作,不断开发营销客户,提高销售额。美国密执安大学的迈克尔·康特等人通过对美国98家实行员工持股的企业进行调查,发现这些企业比同行业其他企业的利润率要高出20%。

(六)人性激励法

越来越多的激励专家赞同"单靠金钱一项,并不足以引发工作动机"这一观点,并且深信金钱若能和引发"人性"的因素结合在一起使用,可以达到最佳的激励效果。

要调动营销人员的积极性,重要的是使营销人员发现自己所从事工作的乐趣和价值,能从工作的完成中获得一种满足感。这样,营销人员个人的目标和欲望达到了,整个企业的目标也就达到了。IBM公司就是这样做的。

案例　IBM公司的人性激励

> IBM的前总裁沃森有一句名言:"相信只要我们尊重员工,并帮助他们自己尊重自己,公司就会赚大钱。"IBM公司有个惯例,就是为工作成绩列入85%以内的销售人员举行隆重的庆祝活动,公司所有员工都参加为期数天的联欢,而列入3%的销售人员还将荣获"金圈奖"。为了表示活动的重要性,选择举办联欢会的地点也很有讲究,譬如在有异国情调的百慕大举行,并有几个荣获"金圈奖"的销售人员的家庭纪录片将在颁奖期间被放映,由此增加了他们的荣誉感。IBM公司的高层领导自始至终都将参加庆典,更激起了销售人员的热情。

（七）反馈激励法

此方法是把一定阶段各项销售指标的完成情况、考核成绩，及时反馈给营销人员，以此增强他们的工作信心和成就感，激励他们的进取心。

人们都渴望知道自己的行为所产生的结果，正如学生考试完后希望知道自己的成绩一样。管理者应及时将营销人员取得的绩效及团队、企业的绩效反馈给营销人员，并告诉他们的努力与最终目标存在的差距。这是对营销人员的尊重和信赖，同样也可以起到激励作用。营销人员一方面可以从已经取得的成绩中受到鼓舞，另一方面知道自己的工作进度，知道该通过多大程度的努力才能完成目标。